KB040174

그것도
습관입니까?

무기력을 날려버린 엄마의 아작 습관

그것도
습관입니까?

지수경 지음

바이북스
ByBooks

아주 작은 습관으로 시작하라

"우리 삶이 일정한 형태를 띠는 한 우리 삶은 습관 덩어리일 뿐이다."

미국 심리학자 윌리엄 제임스의 말이다. 매일 반복하는 것, 즉 습관은 우리의 건강뿐 아니라 행복, 생산성, 경제적 안정 등 우리 삶에 엄청난 영향을 미친다. 매일 하는 행동, 매일 먹는 음식, 규칙적인 저축, 매일 하는 운동 등 40퍼센트가 모두 습관에 의해 이루어지는 것들이다. 습관은 우리 삶이라고 해도 과언이 아닐 만큼 깊이 관여하고 있다. 우리의 원하는 삶을 위해, 매일 좋은 습관을 길들이고 몸에 익힌다면 습관은 온전한 우리 편이 되어줄 고마운 도구다. 그렇게만 할 수 있다면….

나는 좋은 습관을 길들이는 행동과는 전혀 관계가 없는 사람이었다. 흔히, 좋은 습관에 성공하는 사람은 강한 의지력이 있어야 하고,

평범한 사람과 다르게 탁월한 힘을 가지고 있다고 생각했다. 그와 반대로 끈기와 의지가 없을 뿐만 아니라 실패만 반복하는 날들에 지쳐 무기력하기까지 했다. 어떤 일을 꾸준히 이어갔던 적이 없어서 공부에서든, 일과 성과, 능력에서든 탁월하거나 뚜렷한 결과물을 남기지 못했다. 끈기가 없으니 성공적인 변화나 재능이 생기지 않는 것은 당연한 결과라고 믿었다. 나를 닮아 매사에 부정적이고 나약한 아이를 보며 '변화하리라' 굳게 결심했지만, 이틀도 못 가 포기하고 다시 결심하는 다람쥐 쳇바퀴 같은 날들과 '왜 변화에 번번이 실패할까?'라는 자책과 좌절의 시간을 보내기도 했다.

지금은 아주 작은 습관을 길들이면서 생각을 바꾸게 되었다. 아주 작고, 사소한 전략을 잘 써도 실패하지 않고 끝까지 원하는 결과물을 얻을 수 있다는 것을 알게 되었으니까. 나약하고 무기력하며, 어떤 것 하나 끝까지 이룰 수 없을 것 같은 삶을 살아온 이들도 자신에게 맞는 전략만 잘 쓰면 좋은 습관을 성공적으로 길들일 수 있다. 그것이 바로 아주 작은 습관의 전략이다.

변화를 꿈꾸는 사람들은 대부분 '변화는 혁신적으로 일어나야 한다.'라고 생각하고 있다. 혁신은 한 번에 격렬한 변화가 일어나는 것을 말한다. 혁신적 전략은 극적으로 아주 짧은 시간에, 거대하며 격렬하게 일어나기 때문에 성과로 보면 큰 장점이 있다. 꾸준히 혁신적인 전략을 잘 써왔다면 그로 인한 자신감이 극적으로 상승한다. 커피를 단번에 끊는 것, 허약 체질에서 벗어나기 위해 1시간 헬스장에서 운동하는 것, 늦게 일어나는 습관을 없애기 위해 단번에 새벽 5시에 일어나는 것 등과 같은 혁신적인 전략은 즉각적인 효과와 결과를 얻을 수 있다.

반면, 단기간에 성공을 한다고 해도 처음의 열정이 식게 되면 예전의 생활 패턴대로 돌아간다는 단점이 있어서 성공하는 확률보다 실패할 확률이 높다. 매해 우리가 시도하다가 실패한 전략들 아닌가? 잦은 실패를 하거나 무기력하고 끈기가 없는 사람이라면 거창하고 혁신적인 전략보다 아주 작고, 지속적인 전략이 필요하다.

심리적 방어기제가 생기는 혁신적인 전략과는 달리 작은 습관 전략은 오히려 낙관적이고 긍정적으로 '한 단계 한 단계' 변화하도록 만들어준다는 장점이 있다. 아파서 아무것도 하지 못할 때라도 실행 가능할 정도로 작고 가벼워, 부담 없이 지속하게 해준다. 덕분에 꾸준히 변화하고, 유지, 관리하게 하는 강한 힘을 끌어낸다. 잦은 실패에 무기력해진 사람, 나약한 이에게 혁신적인 변화를 강조해봤자 그들에게는 맞지 않는 옷이라는 것을 알게 된다. 작은 행동의 성공은 그동안 실패로 굳어진 자신에 대한 불신을 스스로에 대한 믿음으로 바꾸어준다. 아주 작은 습관은 시작은 쉽게, 형성된 습관은 꾸준히 관리하면 절대 사라지는 일은 없다.

시작은 아주 쉽게 문턱이 없어 시작이 쉬운 아주 작은 습관

《습관의 재발견》을 쓴 스티븐 기즈는 우연히 새해를 앞둔 어느 날, 팔굽혀펴기 한 번의 작은 도전을 통해 인생이 긍정적으로 변화되었다. 그가 시도했던 작은 행동은 실패를 겪을 때마다 생겼던 죄책감, 두려움에서 벗어나게 해주었다. 변화의 실패는 우리 탓이 아니며 전략만 바꾸어도 성공할 수 있다는 것을 알려준 좋은 예시다. 아주 작은 습관 전략을 사용한다면 누구나 저자처럼 실패를 겪지 않고 훌륭한 일들을 해낼 수 있다.

아주 작은 습관의 전략은 거창하지 않게 변화를 도모할 수 있다. 리스크가 큰 목표는 우리 뇌가 본능적으로 '위험'이라고 감지하고 변화에 꿈쩍하지 않는다. 뇌가 변화라는 것을 인지하지 못할 정도의 아주 작은 크기로 가볍고 작게 시작해야 한다. 아주 작은 전략으로 시작한다면 위험을 느끼지 않아 점진적으로 발전할 수 있다. 시작의 두려움, 실패에 대한 학습적 무기력이 생긴 사람이라면 아주 작은 전략을 써서 가볍게 시작해보는 것은 어떨까?

체력적, 정신적으로 나약하고 무기력했던 나 역시 아주 작은 습관의 전략을 통해 6년째 좋은 습관을 길들여가고 있다. 사소하고 가벼운 물 마시기 두 잔으로 시작한 행동의 변화는 다른 좋은 습관도 포기하지 않고 길들이는 원동력이 되었다. 몇 분도 걸리지 않는 실행들이다. 고작 3분 정도다. 그것도 방구석 어딘가에서 사부작거리며 끝낼 수 있는 전략이다(진득하니 뭐 하나 성과를 본 적이 없는 내가 습관에 관한 세 번째 책을 쓰는 것도 작은 습관 덕분이다).

사람들은 나를 '끈기 있는 사람'이라고 한다. 언제나 포기를 일삼고 손가락 하나 움직일 수 없어 침대에서 나오지 않던 엄마에서 끝까지 해내는 엄마가 되었다. 6년 전과 지금의 나를 비교하면 확연히 달라진 삶이다. 작가가 되었고 습관 프로그램을 통해 엄마들의 습관을 함께하며 습관을 이어가고 건강과 생산성을 높이고 있다.

시작한 다음은 관리가 중요
가벼운 시작에서 시작된 습관을 유지하는 법

언제부터였을까. 무기력에서 나와 자신감 넘치는 날을 몇 년 동안 이어오다가 의문이 들기 시작했다. '왜 발전이 없어 보일까?'

똑같이 습관을 이어오던 어느 날, 즐거웠던 마음에 서서히 바람이 빠지기 시작했다. 똑같은 반복의 지루함에 지치면서 방향을 잃어버렸다. 때마침 작은 습관을 쭉 이어오던 블로그 이웃들도 하나, 둘 사라지기 시작했다.

'아니, 아주 작은 습관은 실패할 확률이 거의 없는데 왜 그럴까?' 왜냐하면 쉽게 이어가던 습관이 지루해지면서 제자리를 걷는 현상이 나타난 것이다.

습관을 되짚어보니 남에게 성공한 습관으로 보여야 한다는 생각
이 앞섰다. 너무 쉽게 끝나버리는 습관을 나도 모르게 새롭게 개수를
많이 늘렸고 내가 필요로 하는 습관보다 남이 좋다 하는 습관을 찾아
실천하고 있었다. 작은 습관이니 금방 할 수 있다는 생각에, 작은 습
관을 하찮게 여기기 시작하면서 습관 실행을 대충 뒤로 미루는 날도
생겨났다. 어떤 날은 아파서, 바빠서 우선순위에 밀리기도 했고, 어
떤 날은 '했다'라는 형식만으로 해치우는 날도 있었다.

습관을 이어가는 햇수는 많아졌으나 습관의 변화는 만족할 만하
게 보이지 않았다. 처음 길들이면서 느꼈던 뿌듯함이 어느 순간 당연
함으로 그리고 똑같은 일상과 같은 지루함으로 느껴지기 시작했다.
'왜 정체된 느낌이 드는 것일까?' '습관화 하기 위해 계속 길들이는
데 왜 성과가 보이지 않는 것일까?'

그것은 바로 형성된 습관을 꾸준히 유지하고 관리하는 것에 있었
다. 작은 습관이라 해도 우리가 원하는 방향으로 가고 있는지 복기하
며 꾸준히 관리해야 한다. 습관은 단번에 끝내는 것이 아닌 과정을
잘 즐기는 것이다. 때로는 지루함도 껴안고 묵묵히 지나갈 수 있는
시간도 필요했다.

처음 작은 습관화를 시작할 때의 설렘을 가지고 매일을 복기하
며, 작은 습관에도 의식을 놓지 않도록 기록을 남겼다. 도움이 필요
한 사람들과 함께 피드백을 주고받으며 정체되었던 작은 습관을 다
시 굴리기 시작했다. 처음 작은 습관을 시작했던 때보다, 한 차례 지

루한 고비를 이겨낸 후의 습관은 더 단단해졌다. 지금은 '아작 습관 프로젝트'를 하면서, 비슷한 성향의 사람들(저질 체력, 끈기와 재능은 없다고 판단하는 의지박약의 사람, 허약한 사람 등)과 고민을 함께하며, 그들의 삶이 긍정적으로 변하는 것을 보는 보람까지 생겨났다.

습관에 참여하는 대부분이 엄마들이다. 육아와 바쁜 일상 속에서 자신을 찾기 위해 시작한 작은 습관은 그들에게 작은 희망이 되어 일으켜 세워줬다. 코로나가 우리의 삶을 송두리째 바꿔 놓았을 때도 작은 습관은 방구석에서 흔들리는 마음과 몸을 붙잡아 주었다. 아주 작은 습관은 어떤 상황에서도 가볍게 지속하며 끈기 있게 습관을 이어가게 만들어줬다. 실패의 반복으로 아무것도 하지 못할 것 같을 때, 특히 무기력에 빠져 있던 사람에게 '할 수 있다'는 자신감과 꾸준함의 특별함을 만들어준다.

좋은 습관을 길들이고 변화하기 위해서는 거창하고 혁신적인 전략만 필요한 것은 아니다. 오히려 사소하고 자잘한 행동의 반복이 우리를 변화시키기 쉽다. 아무것도 할 수 없을 때도 실행하도록 하는 작은 전략은 잦은 성공을 맛보게 해주며 습관을 꾸준히 이어나가게 해준다. 코로나와 같이 예기치 않는 일로 인해 제약을 받을 때도 바로 우리 곁에서 할 수 있는 실용적인 전략이기도 하다.

이 책에는 아무것도 할 수 없을 만큼 무기력한 사람도 조금씩 행동하게 만드는 아주 작은 습관에 대한 실천 내용이 들어 있다. 더불어 작은 습관을 오래 이어오다 보면 생기는 지루함, 정체기를 잘 빠져나와 끝까지 습관을 유지하고 관리하는 법을 자세히 다뤘다. 그 누구의 습관이 아닌, 온전히 나다운 습관이 되는 법에 관한 내용을 담았으며, 습관이 지루하지 않고 사라지지 않도록 습관 기록 양식을 이용해 끝까지 지속하도록 하는 방법을 담았다.

실제로 습관 기록 툴은 습관 프로젝트에 참여한 멤버들이 쓰고 있는 도구다(습관이 흩어지지 않게 하기 위해서는 기록만 한 것이 없다). 오직 저자의 습관 경험과 프로젝트에 함께한 고민을 담다 보니 반복되는 일상의 예시와 내용들로 반복되는 습관 이야기가 많음을 미리 양해를 구한다.

습관에 대한 전략은 다양하다. 서점에 가면 매해마다 여러 가지 전략의 습관 책도 많이 나온다. 이런 전략이 좋다, 저런 전략을 사용해야 한다 등 여러 가지 방법이 있겠지만 모든 것을 다 실천하려고 노력하는 것보다, 자신에게 맞는 전략을 찾아 꾸준하게 사용하는 것이 제일 좋다. 혹시 나약하고 더 이상 아무것도 할 수 없을 것 같이 무기력할 때, 잦은 실패에 자책만 하고 있다면 이 책이 여러분의 삶의 징검다리 책이 되어 다음 더 큰 습관으로 향해 도약할 수 있도록 도와줄 것이다. 특히, 방구석 어딘가에서 사부작거리며 고군분투하는 모든 엄마에게 응원을 보내며, 아주 작은 습관의 전략을 선택해서 가볍고, 끈기 있게 지속해보길 권한다.

chapter 1

작은 습관으로
인생 역전한 엄마

chapter 2

**아작 습관의
재발견**

chapter 3

**아작 습이 뭔데?
실천이 중요하지!**

chapter 1

작은 습관으로
인생 역전한 엄마

나는 왜 아주 작은 습관을 길들였을까?

　여느 엄마처럼 아이를 잘 키우고 싶었다. 그때마다 타고난 허약 체질과 우울한 기질이 가로막았다. 침대와 한 몸이 되어 바닥 끝에서 무기력이 올라오곤 했다. 마음만 앞서고 아이에게 부정적인 말을 쏟아내며 자책하는 엄마의 삶을 반복하던 어느 날, "에이, 짜증 나, 귀찮아." 하며 다섯 살 아이의 입에서 내가 했던 부정적인 말을 똑같이 쏟아내는 것을 보고 나서야 '나는 잘못된 삶을 살아가고 있구나.' 하고 깨달았다. 거기까지였다. 깨달음과 변화는 같이 오지 않았다. 아이가 나처럼 부정적으로 살아가고, 나약하게 자라날 것으로 생각하니 등 뒤로 식은땀이 흘러내렸다.

　'이건 아니잖아!'

　고개를 세차게 저었지만 당장 무엇을 해야 할지 몰랐다. 놀이터에 가면 체력 좋은 엄마는 아이와 신나게 놀아준다. 반면, 나는 한 바퀴도 못 돌고 아이에게 "집에 가자."라고 손을 잡아끌었다. 에너지가 없어서 아이와 비슷한 또래의 엄마가 다가온다 싶으면 슬쩍 피하곤 했다. 급기야 몸도 마음도 나처럼 약해지고 내성적으로 바뀌어가는 아이를 보며 '진짜 변화해야겠다.'라고 마음먹었다.

'어디서부터 무엇을 바꿔야 할까?'

한두 군데의 문제가 아니었다. 올빼미족으로 사십 년 이상을 살아왔기에 새벽에 잠드는 날이 많았다. 해가 중천에 떴을 때 일어나 피곤한 몸으로 육아와 살림을 시작했다. 비몽사몽의 몸으로 감정이 정리되지 않은 터에 짜증이 났고 아이의 뒤를 쫓아다니며 분노를 뿜어댔다. 다섯 살부터 시작되었던 아토피는 면역력이 떨어지면 불쑥 올라와 예민한 나의 성질을 보탰다. 고치려고 먹었던 수많은 약들은 합병증이 되어 백내장, 비염, 편두통, 위장병을 일으켰다.

간절히 변하고 싶어 노력을 안 해본 것은 아니었으나 며칠도 못 가서 모든 것이 제자리로 돌아왔다. 건강에 좋은 방법 중 하나로, 물 1.5리터를 마시기를 결심했다. 물 마시는 일조차 내게는 쉽지 않았다. 하루에 한 잔도 마시지 않았던 터라 1.5리터라는 말도 안 되는 목표는 고역 그 자체였다. 당연히 하루 이틀 지속하고 포기했다. 그럴수록 '네가 그렇지.'라는 나에 대한 실망과 자책감만 커졌다.

"다른 사람의 좋은 습관을 내 습관으로 만들어라."

성공자들이 말하는 습관의 책을 봐도 내게는 할 수 없는 목표였다. 작은 목표임에도 시작과 동시에 포기하는 나를 보며 나는 할 수 없는 사람이라고 자포자기했다. 지금보다 변화된 삶을 살고 싶은 것이 잘못인가? 왜 나는 변화할 수 없는가? 그들은 특별함을 타고났을까? 성공한 자들은 아니어도 제발 평범한 엄마, 건강하고 활기찬 엄마가 되고 싶은 바람이 그렇게 큰 욕심인가? 저질 체력과 의지박약을 원망했다.

여러 책에 나오는 "습관을 바꾸면 인생이 변하고 지금보다 건강한 삶을 살 수 있다."라는 말은 나에게만 통하지 않는 방법이었다.

"뭐야, 작은 목표를 가지고 끈기 있게 지속하라고 하는데 30분이 작은 시간이냐고!"

불평이 터져 나왔다. 의지를 갖고 동기부여로 겨우 반복한 방법들은 아플 때나 사정이 있는 날 뒤엔 허무하게 무너졌다. '역시 난 안 되는 사람이야.' 자포자기할 때 즈음인 2015년 말, 《습관의 재발견》이란 책을 만났다.

푸시업 한 번에서 시작한 저자는 그렇게 되지 않던 운동 습관이 길러졌다고 했다. '뭐라고? 푸시업 한 번?' 구미가 당겼다. 어쩌면 저질 체력, 끈기 제로인 내게도 변화를 가져다줄지도 모른다는 희망이 들었다. 우리가 습관에 실패했던 이유는 의지력과 끈기가 없어서

가 아니라 '습관의 목표 전략이 잘못되었기 때문'이라고 했다. 여태껏 해왔던 작다고 생각한 목표는 작은 목표가 아니었다. 더 작게 줄여야 했다. 의심 반, 호기심 반으로 시작한 작은 습관의 시작이 내 삶을 바꾸어놓았다.

건강하기 위해 시작했던 물 두 잔, 호흡 2, 3분의 반복은, 시작이 두렵고 아무것도 하기 싫을 만큼 무기력한 나를 가볍게 행동하게 만들어주었다. 돈을 벌거나 생산성이 있는 행동이 아님에도 그저 물 한두 잔을 꾸준히 마시자 내 삶은 몰라보게 달라졌다. 행동의 지속은 다른 좋은 행동을 불러왔다. 건강은 물론이거니와 매일 아침 원하는 나를 리셋하며 내가 원하는 삶으로 살아가고자 작은 습관을 실행하고 있다.

거창하지 않는 이 작은 행동은 공간의 제약을 별로 받지 않고, 나를 세워주며 앞으로 조금씩 전진하게 만들어주었다. 부정적이고 무기력하던 사람에서 활기차고 뭐든 작게 시작하는 버릇이 생겨났다. 덕분에 아이에게도 끈기를 만들어가는 엄마로 재해석되었다.

매일 했던 아주 사소한 행동의 반복은 내 삶을 긍정적이고 건강하게 변화시켜줬다. 내가 작은 습관을 길들이는 이유이며 여러분과 작은 습관을 함께하고자 하는 이유이다. 여러분이 서 있는 거기, 그곳에서 가벼운 마음으로 함께 작은 습관의 매력을 즐겨보자.

무기력을 이기는 작은 습관의 마법

"시험공부를 해야 하는데 손가락 하나 움직일 힘이 없어요. 해야 하는 것은 알지만 자꾸 조바심만 나고 마음이 움직이질 않아요. 하루 종일 TV만 보고 꼼짝하기 싫어요. 우울해요."

"끈기 있게 해본 적이 없어서 뭔가를 시작하는 게 두려워요."

"제 체력이 너무 좋지 않아, 아이들 학교에 보내고 나면 그대로 침대에서 누워 버려요. 이런 나 자신이 싫을 때가 많아요."

아주 작은 습관 프로젝트를 하면서 만났던 멤버들에게 공통적으로 들었던 말이다. 하고 싶어도 그럴 힘이 없을 정도로 시작이 두렵고 부담스러운 사람, 의지조차 없는 자신이 싫어 책망하는 사람, 자주 미루거나 포기하는 자신에게 실망해 불신이 생긴 사람, 그로 인해 학습된 무기력 상태가 된 사람이 대부분이다. 그렇다고 그들이 변화하려고 노력하지 않았던 것은 아니다. 오히려 변화하고자 하는 마음은 간절했지만 끝까지 지속할 힘이 부족해서 해내지 못했을 뿐이다. 체력이 너무 약해 무엇인가 할 에너지를 끌어모으지 못했을 수도 있다. 자신이 끝까지 할 수 있다는 믿음을 얻어보지 못했기 때문에 시작하면서도 불안하다.

이런 이에게도 변화할 수 있는 방법이 있다. '아주 작게' 움직여보는 것이다. 이렇게 말하면 너무나 식상한 이야기에 실망할지도 모르겠다. '아주 작은 습관'을 실천해온 경험자로, 작은 행동의 반복은 실로 강력했다. 아무것도 하고 싶지 않은 날에도 '아주 작은 행동'을 하게 만들어준다. 부담스럽지 않기 때문에 '해야 한다'라는 압박감도 없다. '아주 작은 행동'은 '작은 성공'을 가져다주기 때문에 잃어버렸던 자신에 대한 믿음도 되돌릴 수 있다. 실천하지 않아 생긴 마음의 죄책감을 행동으로 대체시킬 수도 있다.

유럽에서 김밥 사업으로 크게 성공한 켈리 최 회장도 한때 무기력으로 힘든 날이 있었다고 한다. 그는 사업에 실패했을 때 큰 빚을 지고 우울, 무기력에 빠져 죽을 생각까지 했었다. 다시 일어선 방법이 여러 가지 있겠지만, 무기력을 빠져나오기 위해서 했던 일은 바로 '가장 하기 쉬운 일을 반복'하는 것이었다. 일어나자마자 침대 정리, 팔굽혀펴기, 플랭크를 10분 안에 움직이면서 매일 꾸준히 실천했다. 70일이 지난 후에는 2시간 이상 운동할 수 있을 것 같은 기분이 생기면서 서서히 변화했다고 한다. 거창한 일이 아닌 하기 쉬운 일, 아주 작게 움직이는 것이 성공의 비밀임을 알 수 있다.

　나 역시 무기력에 빠져 아무것도 할 수 없었던 적이 있었다. 늦은 나이의 출산은 가뜩이나 약한 체력을 더 약하게 만들었다. 허약체질로 자라온 내가 또 다른 생명을 책임지는 일이 쉽지는 않았다. '내 아이만큼은 똑똑하고 건강하게, 행복하게 키우리라.'라는 결심과는 다른 삶을 살아가면서 느꼈던 자괴감, 자주 아파 시작도 못하고 포기하는 일상의 반복에 지친 내가 보였다. 침대와 한 몸이 되었다. 손가락 하나 움직일 수 없는 무기력감이 나를 삼켜버렸다. 실패라는 좌절감이 나를 삼켰을 때, 내 앞에 있던 딸은 나처럼 게으르고 부정적인 아이로 자라나고 있었다. 절실히 변하고 싶었다.

　《아주 작은 습관의 힘》의 저자로 잘 알려진 제임스 클리어는 촉망받는 선수였지만 훈련 중 얼굴 뼈가 30조각이 나는 사고를 당했다. 하지만 그는 절망에 빠지지 않고 매일 1퍼센트씩 성장을 목표로 일상의 작은 성공을 이어나갔다. 일찍 잠자리에 드는 수면 습관, 방을 깨끗이 정리하는 습관 등 사소한 것들을 실행하면서 자신감을 되찾게 되었다. 이 사소한 습관 덕분에 근력, 공부 등 성과를 이루어 나갔다. 아주 작고 사소한 것들을 실행해 나가는 것이야말로 실패하지 않는 길이다.

　'어떻게 하면 건강하고 행복한 생활을 할 수 있을까?'

　건강하고 행복하기 위해 먼저 해야 할 것은 일단 몸을 일으켜 세우는 것이다. 생각만으로 긍정을 외쳐봤자 움직이지 않으면 변화는 일어나지 않는다. "몸 근육이 빠지면 생각 근육도 빠지기 때문"이라는 켈리 최의 말처럼 몸부터 먼저 세워야 우리의 생각도 부정적으로 빠지지 않는다.

처음부터 습관이 성공한 것은 아니다. 건강을 위한 행동을 하리라 결심했지만 매번 실패로 돌아갔다. 목표가 너무 거창했기 때문이다. 야채 위주의 식단, 운동 1시간 이상, 매일 물 1.5리터 이상 마시기… 등등 해야 할 부담스러운 목표들이 시작하기도 전에 포기하게 만들었다.

지금은 어떻게 변했을까? 무기력해서 귀찮았던 일들을 매일 해내고 있다. 앞서 켈리 최 회장, 제임스 클리어가 했던 '아주 작고 사소한 행동'을 지나치지 않고 시작했기 때문이다. 덕분에 매일 건강한 생각으로 내 몸을 돌보고 움직이며, 하고 싶은 일을 두려워하지 않고 시도하는 일을 하고 있다.

만약 사소하고 아주 작은 행동이 가소로워 지나치고 계속 큰 목표만을 고집했다면 어떻게 되었을까? 아직도 나는 무기력에 빠져 어떤 행동도 꾸준히 하지 못하고 마음만 거창한 목표를 세우며 자책하고 있을지 모른다. '아주 작은 행동의 반복', 즉 '아주 작은 습관'은 아무것도 할 수 없을 만큼 나약했던 나를 활기차고 생기있게 변화시켰다. 쉽고, 가벼운 행동을 이어가게 만들어주는 마법 같은 습관 덕분에 하루하루가 활기차다. 비록 다시 무기력이 고개를 드는 날이 있더라도 바닥 저 밑으로 끌어내린 나를 서서히 끌어올릴 무기가 되어준다.

혹시 하고 싶어도 그럴 힘이 없을 정도로 시작이 두렵고 부담스럽거나, 의지조차 없는 자신이 싫어 책망하는 사람, 자주 미루거나 포기하는 자신에게 실망해 불신이 생긴 사람, 매일 계획과 포기를 반복하는 사람, 그로 인해 학습된 무기력에 빠져 있다면 아주 작지만 큰 변화를 일으켜줄 '아주 작은 습관의 마법'에 빠져보길 바란다.

아작! 쉽지만 강력한 실행 습관

"자신감은 어떤 행위를 반복할수록 눈덩이처럼 커져가는 법이다. 자신감은 성공을 가져다주고 성공은 더욱 큰 도전으로 내딛는 용기를 준다."

– 《나는 고작 한번 해봤을 뿐이다》

아주 작게 운동 습관을 길들이고 있다고 하면 다들 '어느 정도 기간이 지나야 몸이 변화되는지'부터 물어본다. 얼마나 단기간에 변화할 수 있는지, 변화해서 다시 되돌아오는 요요현상은 없는지도 궁금해한다. 실제로 내가 아는 지인은 여름마다 최단기 다이어트를 하는데, 식품과 샐러드만으로 살을 5킬로그램 이상 뺀다. 그리고 다시 요요현상으로 처음 몸무게보다 늘었다가 여름이 다가오면 다시 최단기간 살을 빼려고 노력한다. 살을 빼려고 해도 잘 안 빠질뿐더러 지속하기 쉽지 않다는 게 문제인 듯하다.

"습관을 바꾸는 게 말이 쉽지, 얼마나 어렵다고…."

빨리 변화하는 것도, 변화된 습관을 지속하는 것도 쉽지 않다고 생각한다. 그보다 더 먼저 깊이 박혀 있는 사람들의 생각은 '습관은 원래 잘 변할 수 없다.'라는 것이다.

"습관의 본질은 나를 믿는 마음, 곧 신념이다."라는 구절을 책에서 읽었다. 어릴 때부터 해오던 행동을 바꾸기 위해서는 '바꿀 수 있다'는 확신이 있어야 하며 그 누가 아닌, 자신의 믿음이 중요하다. 습관에 실패한 사람들 대부분 이미 마음속에 '나는 또 이번에도 실패할 거야.'라는 불신이 깔려 있기에 습관을 실행하면서도 끝까지 지속하지 못하고 포기할 때가 많다.

나 역시 꽉 막히는 사고 패턴에 건강하지 못한 생활방식으로 살아온 터라 매일 시작하고 실패하는 경험을 자주 했다. 단기간에 변화는 하고 싶고 목표는 너무나 컸기에 하루 이틀 하다가 그만두기 일쑤였다. 문제가 생기면 빨리 해결하고자 하는 사람의 본능에, 성격 급한 것까지 보태니 행동보다 더 빨리 목표를 과장되게 세워놓고 포기했다. 당연히 잦은 실패로 인해 마음속에 불신이 생겼으며 나를 믿어주는 마음은 눈을 씻고 봐도 없었다.

습관으로 만들어지기 위해서는 '할 수 있다' '꾸준히 이어갈 수 있다' '변할 수 있다'라는 믿음이 있어야 한다. 이 믿음을 만들어준 것이 바로 '아작', 즉 아주 작은 습관이다. 참고로 '아작'이란 '아주 작은'의 줄임말이기도 하고, 습관으로 아작 내었으면 좋겠다는 바람에 지은 습관 프로젝트명이다.

아주 작은 습관을 만들기 위해 처음 한 아주 작은 행동은 말도 안되게 쉽고 창피할 수도 있는 수준이었다. 그렇지만 이 말도 안 되는 크기로 인해 실행 습관을 만들어냈다. 덕분에 아직도 습관들을 지속하고 실행하고 있으며 작은 점들이 멋진 선의 그림으로 변하고 있다.

어떻게 아주 작은 습관이 강력한 실행 습관으로 만들 수 있었을까? 시작이 쉬우면 된다.

첫째, 실행이 쉬우면 반복하기 쉽다.

습관은 어떤 행동의 반복으로 생긴다. 목표의 크기가 중요한 것은 아니다. 몸이 둔하고 운동이라고는 숨쉬기밖에 몰랐던 나는 추운 날, 비 오는 날, 더운 날 핑계 대지 않고 걷기와 계단 오르기 외에 여러 건강을 위한 운동을 하고 있다. 몸이 둔하기도 하고 책상에 앉아 그림 그리고, 낙서하는 것을 좋아하다 보니 밖으로 나가 활동하거나 몸을 움직이는 것을 극도로 싫어했다. 자연히 운동은 내 삶의 영역 밖의 일이 되었다.

그러다가 점점 나빠지는 몸, 마음과 무기력으로 인해 운동이란 것을 시작해보기로 했다. 당연히 시작은 아주 쉬워야 한다. 얼굴이

벌겋게 달아오를 정도로 창피하지만, 시작이 쉬워야 실천하겠다는 생각에 호흡을 운동으로 선택했고 덕분에 나는 실패하지 않고 성공을 맛보게 되었다.

둘째, 잦은 성공은 자신을 믿어주는 힘을 만들어낸다.

'나도 할 수 있다'라는 긍정 감정이 생겨나니 다른 행동도 할 수 있다는 자신감도 생겨났다. 감정조절 실패, 우울증, 아토피 합병증, 대인 기피, 저질 체력, 의지박약, 결심 중독, 무기력 등 모든 꼬리표를 달고 살던 내가 끈기가 생기고 나만의 작은 습관으로 자기 확신, 신념이 생겨났다. 말도 안 되는 작은 행동이었지만 자신감을 되찾은 나는 요가, 계단 오르기, 근력운동, 매일 걷기까지 실행하고 있다.

셋째, 꾸준한 실천으로 실행 습관을 만들어준다.

실천하기 쉬워 행동을 강화하게 만들어 주며 계속 이어가도록 돕는다. 작은 실행 습관 덕분에 건강은 물론 다른 작은 습관으로 확장해가고 있고 도전과 용기를 적절히 사용하고 있다.

아작(아주 작은) 습관을 함께 길들였던 A씨는 무엇 하나 끝까지 지속해본 적이 없던 사람이었다. 쉬운 실행도 귀찮을 만큼 미루기도 잘하는 성향에 계획은 아주 거창해서 현실과 목표 사이의 간극으로 우울증이 있던 사람이었다. 한 것은 없어 보이고 좋은 결과는 빨리 내고 싶어, 조바심이 잦고 감정 기복이 심한 상태였다.

어찌 되었든 A는 아주 작은 습관을 실천했다. 시작이 쉬웠기에 포기하지 않고 여러 작은 습관을 실행했다. 하루 한 장 문제 풀기, 핸드폰 1시간 다른 방에 두기, 산책 1번 습관을 실천했다. 중간중간에 무력감에 흔들릴 때도 있었지만, 아주 쉽고 작았기 때문에 꾸준하게 이어갈 수 있었다. 그는 1년 넘게 실천해 나가고 있고 아직 프로그램을 끝낸 상태에서도 혼자 실천하고 있다며 가끔 안부를 전해온다. 그 역시 습관을 여전히 길들여가는 중이다.

"습관을 바꾸는 게 말이 쉽지, 얼마나 어렵다고…."

아직도 그렇게 생각하는 이가 있는가? 아주 작게 행동을 반복해서 숨어 있던 자신에 대한 믿음, 신념을 되찾아보길 바란다.

꾸준히 작은 습관을 길들였더니 생긴 변화

더운 여름이 오면 어느 해보다 더 많은 문자가 온다.

"수경이 더위 많이 먹는데, 올여름은 더 더워서 어떡하누…. 더위 먹지 말고 건강히 지내."

"수경이가 집콕하는 계절이 돌아왔네. 빨리 여름 지나가고 선선한 가을에 꼭 얼굴 보자."

열이 많은 체질이라 특히 더위를 많이 탄다. 같이 밖에 나가도 금방 더위를 먹고 두통이 생겨 하루 종일 고생했던 적이 한두 번이 아니다. 여행 가는 것도 여름을 피해서 갔다. 더운 여름에 가는 것은 가족들에게 미안하지만 내게는 있을 수 없는 일이다.

몇 년 전부터 여름에 나서서 여행도 가고 사람도 만난다. 더욱 놀라운 것은 걷기를 매일 꾸준히 하기 위해 여름에도 한 시간을 돌고 있다. 다른 사람들에게는 별일이 아니겠지만 나를 아는 지인들, 가족은 이런 나를 보며 많이 건강해지고 단단해졌다고 놀란다.

가만히 생각해보면 이렇게 변할 수 있었던 것도 다 '작은 습관' 덕분이다. 작게 뭐라도 실행하며 몸을 움직이려고 했던 것들이 좋은 방향으로 점이 되어 나를 변화시켰다. 아프면 몸져눕거나 날이 조금만 덥거나 추워도 방으로 들어가 나오지 않던 나였는데, 이젠 날씨의 불편함보다 내가 하고자 하는 목표와 변하고자 하는 작은 방향을 놓지 않고 있다는 것에 나 자신도 놀라고 있다.

시작이 쉬웠기에 끊임없이 반복할 수 있다는 것이 작은 습관의 매력이다. 작은 행동은 실패만 하던 내게 오늘도 내일도 성공하게 만들어줬다. 그렇게 길들여 보리라 결심했던 운동이 결국 아주 조금씩, 스며들면서 행동력이 생겨나기 시작했다.

끈기나 근력이 없어서 매번 포기하거나 환경의 영향을 잘 받았던 내가 서서히 변하면서 끈기가 생겼다. 근력도 생겼다. 처음부터 근육을 만들기 위한 운동을 시작한 것은 아니었지만 작고 가소로운 행동을 반복하다 보니 더 큰 행동과 운동을 할 수 있는 몸과 마음이 생겨나기 시작했다.

과학 연구에 따르면 사람들에게 동의를 받을 때 몸을 움직이게 만들면 동의할 가능성이 더 높아진다는 실험이 있다. 말보다 몸을 움직이게 하면 뇌가 잘 속아 넘어간다는 것인데 나 역시 생각보다는 실행했기 때문에 조금씩 변화가 생겨났다고 본다. 끈기가 생기면 시작한 것을 포기하지 않고 계속 실천하게 된다.

일단 몸이 건강해지고 움직이는 행동력이 좋아지고 익숙해지면 생각도 긍정적이 된다. 우울증 환자에게 운동을 시키는 이유도 이 때문이다. 작은 습관을 통해 실행력이 좋아지고 생산력도 배로 증가한다는 것을 몸소 느끼게 되었다. 세 번 정도 아팠던 몸이 서서히 건강해지고 활기차게 되자, '마음먹은 것은 다 할 수 있다.'라는 자신감도 배로 생겨났다.

또 하나! 자기 조절력과 자기 통제력이 생겨났다. 나약하고 부정적인 사람들은 감정에 치우치기 쉬우며 어떤 일이 일어나면 객관적인 것보다 반복되는 감정에 치우쳐 포기하려는 경향이 짙다. 한 번도 성공한 경험이 없다 보니 감정에 휘둘려 어떤 날은 끝까지 이루어 낼 것처럼 의욕이 넘치다가도 어떤 날은 아예 하기 싫은 날이 생겨 포기하고 싶은 마음이 생긴다. 작은 행동을 꾸준히 이어나가다 보니 어느 정도 움직임이나 행동에 감을 잡게 되고 자기 조절이라는 게 생겨났다. 포기하고 싶다가도 '쉬우니까 한 번만 더!' 격려를 아끼지 않으며 앞으로 조금씩 전진한다. 나쁜 행동을 이어가고 싶은 날에는 오히려 단호하게 환경을 벗어나 자신을 절제할 줄 아는 힘이 생겨났다.

약한 위를 건강하게 하기 위해 조금씩 커피를 줄였다. 좋아하는 커피를 단번에 줄이는 것은 쉽지 않았다. 특히 스트레스를 받거나 피곤하다 생각이 들 때는 커피에 기대고 싶었다. 나를 조절하는 힘이 작은 습관 덕분에 생겨나자 나는 서서히 줄였던 커피를 아예 끊게 되었다. 커피 대신 캐모마일과 같은 몸에 좋은 음료를 자연스럽게 대체했다.

그뿐인가. 자신에 대한 책임감도 살아나고 있었다. 시작의 두려움이 컸던 내가 프로젝트를 시작하며 사람들에게 작은 습관을 길들이며 가치를 나누고 있다. 책임지기 싫어 회피하던 내가 이제는 함께 다양한 활동을 즐기고 있다. 당연히 활동이 많아지고 활기차니 생산력도 커지고 경제적인 참여도도 계속 높아지는 결과를 가져왔다.

가끔 사람들이 꾸준한 사람이라고 말할 때는 기분이 묘하다. 몇 년 전만 해도 '비실이', '약골'이 주된 별명이었는데 작은 습관을 실천하고 나서 정체성이 바뀌었는지 나를 꾸준한 사람이라고 말해준다. 당장의 변화는 더디더라도 쉽고, 끝까지 해낼 수 있는 재미있는 방법이 있다면 여러분도 하지 않겠는가. 시작은 쉽게, 아주 작은 습관으로 지금보다 행복하고 건강한 삶을 실천해보자.

포기만 일삼던 엄마, 습관 디자이너가 되다

"그래, 넌 끈기가 없었지. 매일 불만을 가져와서 안 한다고 하지 않았어?"

언니와 MBTI 성향을 이야기하다 이내 내 성향을 분석했다. 내향적이고 즉흥적인 내가 왜 시작한 일을 마무리 짓지 못했는가에 대한 구구절절한 분석에 아무 말도 할 수가 없었다. 벌여놓은 일이 잔뜩인데 무엇을 버리고 선택했겠나 싶다. 찔끔찔끔 건드려 놓은 일들을 쫙 밀어놓고 다시 호기심 있는 일을 찾아 어질러놓기 시작했다. 시작할 때는 온 힘을 다해, 불나방이 전등불을 향해 돌진하듯이 에너지를 쏟아붓는다. 그러고는 지치고 에너지가 다 빠져 다른 곳에 눈을 돌린다. 회피하기 바쁘다.

에너지가 빠지는 이유는 성격 급한 탓에 빠른 시일 내에 변화하고 싶은 욕심이 문제였고, 잘하다가도 약간의 난관이 생기면 '다음에 해도 되지.' 하고 슬쩍 미룬다. 그러니 어디 끝맺는 일이 있었겠는가. 남의 시선을 중요하게 생각했던 나였기에 미루는 것이 실패하는 것보다 낫다고 생각했다. 반면에 언니는 하는 일도 단순하고 시작했던 일은 어떻게 해서라도 결과를 떠나 다 이뤄낸다. 나는 두 개 다 이루기에 진척도 없으니 기다림에 지쳐 다 포기할 때도 있었다.

포기하는 것도 습관이 된다. 즉흥적인 태도는 하고 있는 행동에 안 좋은 영향을 주기도 한다. 한번은 아이와 계획되어 있던 수업이 있던 날이었다. 돈을 주고 듣는 수업이어서 들으러 가야 하는데 컨디션이 약간 나빠질 것 같았다. 그렇다고 몸져누울 정도도 아닌데 슬쩍 게으름이 밀려와 "지우야, 오늘 가지 말자."라며 너무나 쉽게 약속을 포기했다. 간헐적 단식을 위해 '여덟 시 이후 금식'을 잘 지키고 있던 때였다. 갑자기 머리가 아파 두통약을 먹어야 할 것 같아, 어쩔 수 없이 빈속을 달래기 위해 음료수와 과일을 먹었다. 그 이후 '에라 모르겠다, 내일부터 해야지.'라며 포기했다.

나를 닮아 아이는 조금만 심경이나 몸의 변화가 생기면 내가 했던 방법으로 "다음에 할게."라고 미뤄버렸다.

"우리의 가장 큰 약점은 포기에 있다. 성공하기 위한 가장 확실한 방법은 항상 한 번 더 도전해보는 것이다."

토머스 에디슨의 말처럼 성공하기 위해서는 포기하려는 순간에도 한 번 더 도전해 보는 실행력이다.

변화와 정체기 사이에서 우리가 이어가야 할 것은 바로 끈기이다. 작은 습관을 길들인 이후 포기란 없다. 왜냐하면 너무 쉽고 작아 포기할 이유가 없다. 다만 욕심이 붙지 않도록 습관을 추가한다든지, 아주 작은 목표를 슬쩍 올려놓는 일만 주의한다. 사정이 있어 하루 건너뛴다 하더라도 다시 그다음 날부터 이어가는 것도 쉽다.

작은 습관을 길들인 이후 확연히 달라진 것이 끈기이다. 그래서인지 나를 '끈기 있는 사람'이라고 인정해준다. 여러 가지 경험이 쌓여 작은 습관의 데이터가 쌓이기 시작했다. 사람마다 각자에게 맞는 색깔과 옷이 있듯이 각자에 맞는 습관을 선택하고 형성시켜 반복할 수 있도록 '습관 디자인'을 시작하게 되었다. 사람들에게 포기하지 않고 작은 습관을 끝까지 이어갈 수 있는 방법을 각자의 스타일에 맞게 디자인하여 도와준다. 덕분에 작은 습관이 더욱더 빛이 났다.

습관을 길들이는 멤버들의 성향과 여러 가지 사항을 고려하여 작은 습관을 형성하도록 도와주기도 한다. 습관을 실천하면서 생기는 어려움도 함께 고민해준다. 일전에 한 멤버가 고민을 토로했다.

"아주 작은 습관인데도 티가 잘 나지 않기에 지쳐서 포기하고 싶었어요."

목표가 명확하지 않거나 자신이 원하는 습관을 매일 0.1 프로씩 좋은 방향으로 성장하지 않으면 정체된 느낌에 포기한다. 매일 기록하며 작은 습관을 길들인 후에 감정을 적게 했다. 자신의 인풋을 아주 사소하게라도 나눠주는 일과 병행하다 보니 불신했던 자신을 조금씩 믿게 되었다. '행동'을 강조해 작게라도 운동과 같은 행동을 자주 할 수 있도록 도와줬다.

"작은 습관이 좋았던 것은 '100퍼센트 할 수 있다.'라는 증명된 사실과 용기입니다. "

멤버의 말을 들으며 오늘도 나와 내 주변에 작은 습관이 필요한 사람들의 습관을 아주 작게 디자인한다

아주 작은 습관으로 N잡을 갖게 된 비결

감정조절 실패, 우울증, 아토피 합병증, 대인 기피, 저질 체력, 의지박약, 결심 중독 등 모든 꼬리표를 달고 살던 내가 끈기가 생기고 나만의 아주 작은 습관으로 자신감을 얻게 되었다. 결과는 놀랍기만 하다. 늘 침대 속에 파묻혀 손 들 힘조차 없었는데 아주 작은 습관을 길들인 이후부터 건강도 좋아지고 활기를 조금씩 되찾아갔다. 더불어 나를 믿어주는 자신감도 높아지기 시작했다.

《습관의 디테일》이란 책에서도 습관이 크게 자라기를 원한다면 '작고 간단하게 시작해야 한다.'라고 강조한다. 작은 행동은 작은 성공으로 작은 성공은 즐거운 촉매제가 되었다. 다른 것도 할 수 있을 것 같은 자신감이 생겨나는 것이다. 그로 인해 엄마 작가, 독서 모임 리더, 아주 작은 습관 디자이너, 그림책 작가, 독립출판, 아작 습관 프로젝트, 전자책 작가 되기, 카드 디자인, 아작 글쓰기 습관 등 여러 가지 일들을 하고 있다.

아이를 키우며 작가가 되었고 두 권의 책(《인생을 바꾸는 아주 작은 습관》, 《쓰면 이루어지는 행복 비밀노트》), 그림책 두 권을 썼다. 다수의 전자책, 습관 디자이너, 일러스트, 아주 작은 습관 프로젝트 운영, 두 개의 독서 모임 운영, 강사, 그림책 테라피스트 등 모든 역할을 때에 따라 즐겁게 해내면서 말이다.

이렇게 나를 소개하면 분명 원래부터 그런 사람이라고 생각하는 사람이 있을 것이다. 다시 한번 말하지만 나는 뭔가를 끈기 있게 해본 적도 자신을 절제하고 조절하며 책임을 지는 인생을 살아본 적이 없었다. 그래서 아주 작은 습관이 주는 영향에 항상 감사해한다.

아주 작은 습관의 전략으로 건강, 긍정적, 생산적으로 내가 변화하리라곤 아무도 몰랐을 거다. 지금도 가끔 나 자신에게 묻는다.

'너, 작은 습관 안 했으면 어쩔 뻔했어?'라고 말이다. 아주 작은 습관을 실천하지 않았으면 지금도 우울함과 아픈 몸을 탓하며 과한 욕심과 안 되는 몸 사이에서 갈등하며 살고 있었을지도 모른다. 거대한 목표만을 계획하며 실행과 반복을 계속 일삼고 있었을 것이다. 왜 저 많은 것들을 해내면서도 즐거웠을까 생각해보니 '가볍고 쉬움' 때문이었다. 마음의 부담이 없었기 때문이다.

아주 작은 습관의 전략이 쉬웠기 때문에 나처럼 끈기가 없고 나약한 사람도 할 수 있게 만들어줬다. 아주 작은 습관은 거창한 계획과 목표를 세워야 하는 것이 아니었기에 금방 하고 끝낼 수 있는 가벼움과 즐거움이 있었다. 습관 프로젝트를 할 때도 거창하게 밖으로 나가서 크게 벌리는 일들이 아니었다. 그저 나의 반경, 내가 있는 거기, 방구석 어디에서나 가능한 일이었기에 이 모든 것을 즐겁게 해낼 수 있었다.

작은 행동, 가소로운 움직임을 계속하다 보면 뇌가 착각한다. '아, 나도 꾸준한 사람이구나.'라고 말이다. 꾸준함은 자신을 믿어주는 자신감을 만들어주며 점점 더 실행력이 커진다. 그때, 지금 하는 습관이나 일들에서 하나하나 프로젝트를 만들어가면 생산성과 연결된다. 물 마시기로 시작한 꾸준함은 자신감으로 이어졌고 또 다른 행동으로 이어졌다.

저질 체력, 우울함, 단기간에 변화되고 싶은데 몸은 안 따라주고 조바심만 가득한 사람, 끈기 제로, 의지박약의 사람이 있다면 '작은 습관'의 힘을 맛보라 꼭 권해주고 싶다. 작은 행동은 시작의 두려움뿐 아니라 완벽해야 한다는 마음도 가볍게 만들어준다. 너무나 사소하고 작아서 완벽할 필요가 없다. 오늘 실패하거나 계획대로 되지 않으면 다시 내일 수정해서 되는 일일만큼 가볍다.

단, 주의할 점은 가볍고 작아, 가벼이 여길 것은 아니다. 작은 습관을 뒤로만 미루지 않으면 언제든지 자주 실행하면서 강화시킬 수 있기에 더 빨리 결과물을 만들 수도 있다.

아주 작은 습관을 길들인 지 5년 정도 지나서야, 간장 종지의 용기를 조금 큰 그릇으로 키워갈 수 있었다. 그전까지는 프로젝트를 하거나 모임을 만드는 것을 생각만 했지, 실행에 옮기는 것이 두려워 미루었다. 코로나가 길어지면서 사람들과의 교류가 제약되었다. 혼자 했던 작은 습관을 함께하고 싶다는 의지가 생겨나기 시작했다. 그전까지는 혼자서 작은 습관을 이어나가기 바빴는데 어느 순간 '나와 비슷한 처지, 환경의 사람들과 함께하면서 그들의 자그마한 변화를 돕고 싶다.'는 마음이 생겨나기 시작했다. 게다가 오랫동안 습관을 다져온 경험이 적극적으로 나를 밀어준 것 같다.

그때 만든 프로젝트가 '아작(아주 작은) 습관 프로젝트'다. 외부로 나갈 필요도 없었다. 그저 책상 하나, 핸드폰, 컴퓨터 놓은 자리에서 시작하기만 하면 된다. 그렇게 조금씩 '함께 가치를 주는 일'을 시작하다 보니 자연스럽게 돈과 관련된 생산성도 조금씩 올라가기 시작했다. 경단녀로 할 수 있는 일들이 별로 없었는데 이제는 함께하고 싶거나, 도움이 될 만한 것들이 있으면 두려워하지 않고 시도해본다. 자잘한 경험은 또 다른 성공의 기반이 된다.

아주 작은 습관을 길들이듯이 프로젝트, 모임이나 N잡을 만들 때도 아주 작게 시작했다. 너무 거창하거나 완벽한 모임을 만들려고 하면 계속 두려움에 미루기만 하다가 실행에 옮기지 못할 것이기 때문이다. 온라인상의 일들 중 선택해서 아주 작게 굴릴 수 있다. 온라인

상의 일들은 다양해서, 자신에게 맞는 것을 찾기 위해 많은 경험을 만들어보는 것이 도움이 된다. 긍정적인 변화를 계속 이루다 보면 우리가 되고 싶은 사람에 가까워진다. 아마 이것이 정체성의 변화가 아닐까 싶다. 작은 습관을 길들이기 이전의 나와 이후의 나는 확실히 많이 달라졌다. 어떤 환경에서도 유연함으로 작은 행동을 취할 수 있는 내가 된 것이다.

위의 여러 가지 N잡들도 소소하게 반복했던 작은 습관의 결과물이다. 만약 작은 습관을 길들이다가 지치고 있다면 생산성 있는, 가벼운 도전을 넣어보자. 때로는 이벤트처럼 결과가 보여지는 것들은 지친 우리에게 의욕을 주기도 한다. 경단녀로, 체력도 힘도 없는 사람이라면 나처럼 아주 작은 습관을 꾸준히 길들여 보라. 분명 방구석 어딘가에서 하고 있는 작은 행동의 시작이 시간이 지나 내가 원하는 그림으로 변해가고 있을 것이다.

자신에게 맞는 아주 작고 작은 습관 하나로 지속력을 키울 수 있다면, 그 지속력으로 긍정적인 자신감과 믿음을 바꿀 수 있다면, 어떤 작은 습관이라 해도 좋다.

자, 아주 작은 습관으로 변화할 삶을 그려보자.

chapter 2

아작 습관의
재발견

아직 습관의 재발견

(침대 밖으로 발가락 하나 내밀어)

침대에 누워 아이 쪽을 쳐다봤다. 핸드폰을 뚫어져라 바라보고 있는 아이에게 미안함이 밀려왔다. 몸을 일으킬 힘도 없었다. 머리를 찌르는 통증은 침대 속으로 나를 더욱 끌어당겼다. 딱히 큰 병이 생긴 것은 아니었지만 스트레스를 받거나 고민이나 걱정이 생기면 늘 머리가 아팠다.

병원에서는 예민하고 심약한 이유를 들었다. 아프고 나면 꼭 다짐하는 것이 있는데 이를테면, 아이에게 가졌던 욕심, 남편에게, 내게 기대했던 쓸데없는 걱정, 욕심을 버리고 '나를 잘 데리고 건강하게 살겠다.'라는 것이다. 무기력하게 몇 날을 지내다가 두통이 사라지고 나면 기운이 되살아나면서 언제 그랬냐는 듯 욕심과 계획성 없는 생활이 되살아났다.

늦은 밤까지 핸드폰에 실린 연예인 기사를 보며 몸을 피곤하게 했다. 약한 위에도 여러 잔의 커피를 마시고 폭식을 일삼았다. 운동하자고 마음만 먹었지, 꾸준하게 운동과 스트레칭은 하지 않았다. 금방이라도 효과가 바로 나오는 방법이 없을까 잔머리를 굴렸고 건강한 일상 역시 요행을 바랐다. '이왕이면 운동하지 않고도 건강할 수 있었으면 좋겠다.'라는 생각이 가득 찼다.

에너지 넘쳐야 될 딸은 점점 나를 닮아가면서 외출하는 것도, 배우는 것을 귀찮아하며 두려워했다. 어린이집을 다녀와 매번 침대 속으로 쪼르르 달려가서 엎드려 있었다. 내가 아플 때마다 침대에 기대는 습관을 아이는 그대로 따라 했다. 꼼짝하지 않던 아이는 보름 동안 변을 누지 못하는 일이 잦아졌다. 당연히 배설을 못하니 잘 먹지도 못했다. 일시적으로 한의원의 힘을 빌리긴 했지만 근본적인 원인을 해결해야 했다. 근본적인 원인은 아이가 아니라 나 자신이었다. 그때, 침대에서 나와야 한다는 절실함이 들기 시작했다.

잦은 두통을 위해서라도 카페인이 많은 커피를 줄이고 물을 늘리기로 했다. 혈액순환의 문제도 있고 신경을 자극시키는 카페인은 한의원을 가도, 병원을 가도 공통적으로 줄이라고 말한다. 새벽까지 핸드폰의 뉴스 이슈를 바라보며 내 처지를 측은해하는 모습도 줄여야했다. 규칙적인 수면 습관이 없고 늦은 새벽까지 자지 않다 보니 아침 출발이 언제나 늦었으며 허둥대는 마음에 아이를 다그치게 될 확률이 컸다. 불규칙한 수면 습관은 감정조절 실패에 큰 몫을 했다.

긴장하고 사는 나를 위해 스트레칭이라도 하며 굼뜬 몸에 기름칠을 하고 싶었다. 아이 눈에 비친 침대 안에 있는 엄마, 매일 늦게 자고 물 한 방울 마시지 않는 엄마, 나약한 엄마의 모습을 지우고 건강하고 활기찬 엄마의 모습을 보여주고 싶었다.

"하루 30분 스트레칭이라도 매일 하자.", "하루 1.5리터 물을 마시고 커피를 일절 한 모금도 마시지 않는다.", "새벽 3시에 자지 않고 저녁 10시에 바로 취침한다.", "6시 일찍 일어난다." 계획을 적었다. 나쁜 습관을 당장 아작 내고 싶었다. 헬스장은 엄두도 안 나니 집에서 운동을 해보기로 했다.

"헉!"

운동을 전혀 하지 않던 사람에게 30분, 아니 3분, 3초도 그렇게 힘들 줄 몰랐다. 거실 한 가운데에서 누워 자전거 타기, 스트레칭을 다 합쳐도 30분은 도저히 할 수 없었다. 물 한 잔은 어떤가. 하루 한 잔도 아니고 1.5리터의 물이라… 물배가 차는 느낌이 확 올라왔다. 약을 먹을 때나 마시는 물을 매일 1.5리터 이상 마셔야 된다니, 포기하고 싶은 마음이 올라왔다. 육아의 피로를 위로하는 커피를 끊는다는 것은 행복 하나를 끊는 것 같았다. 늦게 자는 습관을 가진 내가 6시? 아침 9시도 불가능한데 역시 무리한 계획이었다. 실천하기도 전에 부담스러운 마음이 무릎을 꿇었다. 모질지 못하는 성향에 의지력이 없는 것도 문제였다.

습관은 나랑 맞지 않는 단어라는 생각이 점점 더 각인되고 있을 때, 한 줄기 희미한 빛이 새어 나왔다. 《습관의 재발견》이라는 책을 통해 습관의 전략을 재해석하게 되었다. 결론부터 말하자면 '아주 작은'에서 답을 찾았다. 티끌만큼의 목표는 의지력이 약한 나도 얼마든지 습관을 길들일 수 있다는 희망이 생겼다. 거창하게 말고 방구석 어디서나 특히 침대에서도 금방 할 수 있다는 것도 반경이 좁은 내게 딱 맞는 전략이었다.

실제로 나는 재발견된 아주 작은 습관 전략으로 많이 변화했고 지금도 1퍼센트씩 성장 중이다. 아주 작은 점들이 얼마나 중요한 요소인지, 기분 좋고 가볍게 시작할 수만 있다면 언제, 어디서든지 실행할 수 있다. 특히, 코로나로 인해 제약이 있었을 때도 방구석에서 사부작거리며 했던 작은 습관은 큰 힘이 되었다. 아주 작은 습관 전략은 답답하고 게으른 내게 작은 구멍을 깨서 세상 밖으로 나오게 만든 아주 고마운 도구가 되었다.

아주 작은 습관 덕분에 침대에 누워 나약한 삶을 산 내가 변했다. 여러 습관에 실패하고 기대 없이 시작했던 작은 전략은 에너지도, 체력도 없는 내게 한 줄기 희망을 선사했다.

"작은 습관 전략에는 당신이 뭔가(목표)를 향해 갈 때 가장 중요한 것이 바로 첫걸음이라는 사실을 알려 주는 삶의 철학도 함께 녹아 있다."

스티븐 기즈의 말처럼 아주 작은 첫걸음으로 변화는 일어나고, 행복하고 건강한 삶을 살 수 있다.

천천히 침대 밖으로 발가락 하나를 내밀기만 하면 된다. 정말로 아프거나 무기력한 날은 그저 고개를 돌리거나 발가락, 발목 스트레칭으로 몸을 '움직인다'의 느낌을 가져도 감정과 상태가 달라졌다. 더 괜찮은 날에는 이불을 정리하고, 침대 근처에서 목을 돌렸다. 거창한 움직임이 아니더라도 작은 움직임의 반복은 나에 대한 믿음과 함께 활기를 줬다.

6년 넘는 습관의 흔적들은 오늘도 아주 작게 나를 성장시키며 나쁜 행동을 서서히 야작 내고 있다. 혹시 여러 습관에 실패하고, 아무것도 할 수 없을 만큼 힘이 없는 이가 있다면 속는 셈 치고 습관의 목표를 눈곱만큼 아주 작게 시도해봤으면 좋겠다. 침대 밖으로 발가락 하나 내밀어….

제일 빠른 실행, 후다닥

"시작하기 위해서 시작하라."

– 윌리엄 워즈워스

후다닥, 후딱! 딱 몇 분! 타이머를 틀고 몇 초, 몇 분을 과장 보태 몇 시간인 양 집중하며 금세 끝내버렸다.

아주 작은 습관을 실행하면서 몸에 익힌 것들이다. '후다닥'이라 하면 정성이 없어 보이고 '대충'의 느낌이 들기도 하지만 습관을 실행할 때 필요한 것은 순식간에 지나갈 수 있는, 빠른 행동력이 전부다. 과장 조금 보태서, 눈 깜빡거릴 사이에 습관의 실행을 다 할 수 있는 것이 아주 작은 습관의 전략이다.

아침에 일어나 화장실 다녀와서, 물 한잔 후다닥 마시는 일, 언제 어디서든 의식하면 되는 복식호흡, 핸드폰 확인할 수 있는 시간에 간

51

단히 글 두 줄 적을 수 있는 시간만 있으면 언제든지 할 수 있는 쉬운 방법이다. 거창할 필요가 없는 아주 사소하고 가벼운 목표이기에, 처음 습관을 길들일 때는 아주 쉽고, 후다닥 끝내는 것이 좋다.

좋은 습관을 처음 길들이려고 한다고 치자. '후다닥 할 것'과 '꼼꼼하게 완벽하게 할 것'이라는 두 선택지 중 선택해서 당장 시작해야 된다면 나는 당연히 전자를 선택할 것이다. 부담스럽지 않기 때문이다. 실패가 두려워 시작도 못할뿐더러, 시작했다 하더라도 완벽할 때까지 앞으로 나아가지 못하는 성향의 나에게는 후다닥, 실행이 안성맞춤이다.

미라클 시간을 매일 만들면 금상첨화겠지만 단번에 변화하기 힘든 사람들은 어떻게 해서라도 자신의 시간을 몇 분이라도 규칙적으로 빼야 한다. 압축되는 시간인 '후다닥'의 빠르고 집중하는 시간을 이용할 수 있는 '아작 습관'이 그런 면에서 딱이다.

아침에 눈 뜨자마자 독서 두 장 하고, 2분 동안 목 돌리기를 했다. 독서 습관과 운동이 금방 끝나, 감질나는 기분이 들면 슬쩍 목표를 크게 만들거나, 하고 싶은 습관 여러 가지를 끌어모으고 싶은 유혹도 생겨난다. 그러다 결국 '후다닥' 끝낼 수 있는 작은 실행력 습관이 최고라는 사실을 알게 된다.

습관을 함께하는 멤버들에게 "작은 습관, 후다닥 끝내세요."라고 말하면 의아해한다. 하나는 너무 작고 가벼워 습관 같지 않고, 또 하나는 '어서 빨리' 같은 계속 부추기는 느낌이 들어서 부담스럽다는 것이다. 그러고 보니 나도 처음 습관을 길들일 때, 금방 실행을 끝내니까 '이게 제대로 한 것 맞나'의 호기심 반, 의심 반이었다. 그렇게 물어본 것은 당연한 일이다.

경험상, 습관을 길들이려고 마음먹었을 때 바로 하지 못하는 이유는 습관의 목표가 크기 때문에 실행이 바로 되지 않았다. 또한 후다닥 할 수 있는 짧은 시간이 부담스럽다는 것은 습관의 크기를 크게 가졌거나 습관의 종류들을 많이 만들었을 때 그런 마음이 들었다. 더 중요한 것은 습관을 길들이려는 시간 10분 정도 규칙적으로 확보할 수 없을 만큼 작은 습관을 가소롭게 생각해서 우선순위에서 맨 뒤로 밀어 넣었을 때도 가벼운 실행을 방해한다.

예기치 않는 상황이 생기다 보면 내 시간이 훅 줄어들 때가 있다. 그럴 때는 고집스럽게 시간을 확보하는 것보다 '후다닥' 빠르고 짧게 실행하여 나중에 시간이 남을 때 다시 횟수를 반복하는 것이 내게도, 가족에게도 훨씬 좋았다. 어떤 상황에서도 부정적인 에너지를 뺏기지 않는다. 짧은 시간이지만 몰입도는 최고다.

이런 날도 있다. 6시 알람이 울렸다. 게슴츠레 눈을 떠서 알람을 끈다. 일어나자는 다짐과 다르게 두 눈을 감고 '5분만'이라는 달콤한 유혹에 빠질 찰나, 5분 전보다 더 시끄러운 알람 소리에 화들짝 놀라 일어났다. 어제, 늦게까지 아이의 숙제를 봐준 탓인가 눈을 비비고 보니 "앗, 7시 55분!" 망했다.

자는 아이를 흔들어 깨우고 우유를 꺼내 시리얼을 부었다. 책상에 앉아 감정과 감사일기 3줄을 적고 '후다닥' 독서를 한다. 마음에 드는 한 구절 글귀를 적으며 마음에 넣었다. 곧바로 아이의 등교를 돕는다. 아이가 이를 닦을 때 호흡을 가다듬고 요가 매트 위에 나비 모양 자세의 다리를 펄럭거리며 스트레칭을 한다. 30초 타이머를 눌러 고관절 스트레칭 동작을 몰입한다.

"띠디디디!"

금방 타이머가 울리고 그사이 아이는 현관문에 있다.

"오늘도 즐겁게 잘 다녀와."

아이를 배웅하고 나머지 고관절 스트레칭하며 순간에 몰입한다.

습관을 시작할 때, 너무 많은 생각도, 거창한 계획과 목표도 다 소용없다. 오직 바로 할 수 있는 실행만이 우리를 변화시켜줄 뿐이다. "행운의 점은 눈에 띄지 않는 사소한 일에서 시작되며 언제나 '지금'에서 시작되었다."라는 김민태 작가의 말처럼 사소하고 지금 바로 시작할 수 있는 실행력이 중요하다. 다만 실행의 크기가 거창하거나 오래 걸리는 것을 정할 필요는 없다. 특히 내 한 몸도 챙기지 못하는 주부, 엄마들은 더욱 시간이 걸리는 습관의 실행은 그림의 떡이다. 바로 실행할 수 있는 것, 후다닥 끝낼 수 있는 것이라면 부담이 없을 것이다.

노느니 멸치 똥 깐다

"실패를 모으면 언젠가 습관 자체가 보상을 주는 날이 온다. 하지 않으면 어차피 똑같이 후회하고 자기부정만 커진다."

– 《나는 습관을 조금 바꾸기로 했다》

"선생님, 나 여기 복지관인데 아이들 가르치고 있어요."

전화 한 통이 걸려 왔다. 코로나로 비대면 수업하고 있을 때라 일자리 얻기도 쉽지 않았을 텐데 지인은 쉽게 취직해서 피아노를 가르치고 있었다. 아이의 교육을 위해 십여 년 동안 쭉 일을 쉬었을 텐데 취직된 것이 놀랍고 대단해 보였다. 지인은 부지런하기로 따지자면 단연 1등이다. 나이 50을 넘어서도 오랜 경단녀의 타이틀을 벗고 일하는 모습이 멋져 보였다.

지인이 내게 늘 습관처럼 하는 말이 있다.

"노느니 멸치 똥이라도 까자."

그 말에 배를 움켜쥐고 한참을 웃었던 기억이 난다. 한참을 웃은 나는 지인의 말을 듣고 나서 멸치 똥 떼기의 위력이 얼마나 대단한가 되짚어보게 되었다. 그러고 보니 지인은 그 멸치 똥 떼는 습관 때문에 이득을 본 것이 한두 개가 아닌 것 같았다.

그중 하나가 자산 불리기다. 음악학원을 운영하면서 손쉽게 벌던 돈을 흥청망청 썼던 지인의 버릇을 고치기 위해 집에서 일부러 경제지원을 끊었던 적이 있다. 덕분에 실컷 돈고생을 하게 되면서 그때부터 적은 돈이라도 감사하며 돈을 소중하게 여기는 계기가 되었다고 한다. 그때 모으기 시작한 자산은 여러 투자를 거쳐 어마하게 불려갔다. 돈도 돈이거니와 작은 일감이 들어와도 감사하게 생각하고 부지런히 일하고 모으려는 변화는 귀한 보석이 되었다. '놀면 놀았지, 티도 안 나는 저런 사소한 멸치 똥 따위를 깐단 말인가? 오히려 시간 낭비지.'라고 생각했던 나를 깨우쳐 줬던 경험담이었다.

아무것도 하지 않으면 아무 일도 일어나지 않는다고 했던가. 지인은 언제나 사소한 뭐라도 해왔기 때문에 경단녀를 탈출하지 않았나 싶다. 노느니 딸 친구의 바이올린을 봐주다가 레슨하게 되었고, 노느니 딸이 다니는 교회에서 아이들을 가르치게 되었다. 노느니 아는 후배가 가르치는 복지관에 며칠, 대타로 갔다가 일자리를 잡게 되었다. 어떻게 보면 운이 좋은 것이라고 생각이 드는데, 자세히 들여다보면 지인은 어디에서든 멸치 똥 하나를 꼭 까고 있었다는 것이다.

지인과 나를 대입해서 생각해보면 확연히 달랐다. 귀찮음과 게으름의 한 몸이었던 나는 움직이는 것이 죽기보다 싫은 사람이었다. 과도한 움직임은 부담감이 되어 하기 싫었고, 작고 사소한 것은 티가 나지 않기 때문에 거들떠보지 않았다. 욕심은 어찌나 많은지 이왕 할 것 같으면 티가 크게 나면 좋겠고, 빨리 성과가 있었으면 하는 바람이 컸다. 멸치 똥 하나 까봤자 똥 하나지, 국을 끓여 먹을 수 있는 정도가 아니지 않는가. '대수롭지 않은 일, 어차피 해봤자 ~'라는 생각이 자리 잡고 있었다.

지인의 경험담으로 '사소한 것이라도 일단 해보는 것'이 얼마나 중요한지 알게 되었다. 그 이후,《습관의 재발견》을 접하면서 사소한 것이라도 한번 시작해 보는 것이 중요하다는 것에 뿌리를 박았다. 특히, 집 밖으로 활동이 자유롭지 못한 지금, 방구석 어딘가에서 사부작거리며 멸치 똥 따는 것이 얼마나 자연스러운 환경이 되었는가? 지금이 작게 움직이며 무엇이든지 하기 좋은 날이다.

아주 작은 목표, 아주 작은 행동은 나 같은 게으른 사람, 시작의 거부감이 있는 사람에게 '바로' '쉽게' 실행하도록 도와준다. 거창한 목표와 실행만을 기대했던 내게, 사소한 무언가를 그냥 한 번 해볼 수 있는 가벼운 것들이 얼마나 큰 힘이 되었는지 알면 놀라울 정도다. '어차피 달라지지도 않을 텐데'의 마음에서 '일단 해보기나 할까?'의 마음가짐으로 변하게 되었다. 가벼운 마음에서 시작한 한 번이 가벼워서 금방 끝났고 또다시 시도하고 싶은 마음이 들었다. 작고 가벼운 실행은 지금까지 나를 끈기 있고, 포기하지 않는 사람으로 만들어주고 있다.

"언빌리버블Unbelievable!" 노느니 가볍게 물을 마셨고, 노느니 목을 한 번 돌리고 복식호흡을 했으며, 노느니 고마운 사람 1명에게 감사 쪽지를 주기도 했다. 글 두 줄을 적고, 블로그에 짧은 글을 적었다. 똥 깐 멸치들이 어느새 국을 끓일 정도로 수북이 쌓여갔다. 소소하게 무언가를 해낸 것들이 많아지자 서서히 뿌듯함도 일어났다.

실제로 블로그 이웃 중에, 지하철로 출퇴근하면서 읽은 독서로 책을 낸 사람도 있다. 그 역시 가볍게 시작한 독서가 자신을 변화시켜줬고 책을 내는 작가의 삶으로 이끌었다. 만약 가소로워서 노는 김에 푹 놀았다든지, 멸치 똥만 쳐다보고 있었다면 연결되는 점 속에 그 어떤 기회도 잡을 수 없었을지도 모른다.

독립출판 그림책을 냈다. 그림책 작가는 아이가 다섯 살 때 그려본 꿈이었다. 유아 잡지에 응모도 해보고 공모전에 글을 써봤지만 결과는 별로였다. 포기할까 하다가 도전하는 것에 의의만 두었다. 출판사를 통하지 않고도 자신의 그림책을 만들 수 있다는 말에 수업을 듣고 그림 그리며 글을 적었다. 노느니 그렸더니 그림책 한 권이 뚝딱 나왔다.

작품성과 예술성을 따진다면 할 말이 없지만, 과거 그림책을 내고 싶었을 때, 계획만 세워놓고 매번 미루었던 때를 생각하면 지금의 나는 장족의 발전이다. 또 아는가. 이 작은 시작으로 인해 좋은 출판사를 만나 진짜 더 멋진 그림책으로 나올지 아무도 모르는 일이다. 친구가 그림책을 내고 싶다고 했다. 미술 전공생인 친구에게 한번 가볍게 해보라고 권했다. 친구는 "실력을 쌓아서 나중에 해볼게."라고 말했다. 씩 웃으며 말했다.

"야, 야, 노느니 멸치 똥이나 까보기라도 해."

어떤 일이든 일단 시작해 계속해 나간다면 이미 시작했다는 사실에서 오는 심리적 영향력으로 인해 우리가 느끼는 어려움의 정도가 훨씬 낮아진다. 일단 한 번 해보는 가벼움에서 또 한 번의 반복이, 작은 지속의 힘이 생겨난다. 지금, 실패할지 몰라, 아니면 무엇을 해야 할지 몰라 서성이고 있다면 일단 가까이에 있는 목이라도 일단 스트레칭해보라. 하지 않아 후회하기 전에….

더 작을수록 쉽다. '작게' 말고 '아주 더 작게'

"어떤 행위가 자신이 할 수 있는 일반적인 행동과 비교해 한심하게 들린다면 그것이야말로 완벽한 목표가 되기 때문이다."

－《습관의 재발견》

딱딱한 오징어, 껌을 즐긴다. 특히, 심심하거나 스트레스를 받으면 질겅질겅 씹고 싶다. 스트레스가 많았던 어느 날, 딱딱한 오징어를 비틀어 씹는데 순간 아래 어금니에서 '찡~' 하고 기분 나쁜 통증이 느껴졌다. 평소처럼 그러려니 하고 잠을 청했다. 다음 날 거울을 보고 괴성을 질렀다. 어릴 적 유행하던 볼거리(유행성이하선염) 하는 것처럼 한쪽 볼이 부어 있는 게 아닌가? 열감도 있고 통증이 생겨 치과에 갔다.

"맨 구석에 있던 사랑니가 썩어 염증이 생겼는데 염증을 가라앉

힌 후, 뽑아야 해요."

며칠 동안 치료 후 발치 날이 되었다. 간단하게 뽑힐 줄 알았던 이는 몇십 분이 지나도 뽑히지 않았다.

"뿌리가 누워 있어서 한 번에 발치가 어렵겠네요. 수술로 빼냅시다."

의사는 잇몸을 절개한 뒤, 빠지지 않는 사랑니를 조각조각 내기 시작했다. 사랑니를 여러 번, 작게 조각내어 뽑아냈고 애 먹이던 사랑니는 시원하게 빠졌다. 시간은 걸렸지만 아무 이상 없이 해결되어 후련했다. 사랑니 이야기지만, 우리가 겪는 문제를 해결하는 것도 별반 다르지 않다고 본다. 변화를 꿈꿀 때도 한 번에 안 된다면 아주 작게, 여러 번에 걸쳐 당장 해결할 수 있는 작은 것부터 실행하는 것이다. 또한 작은 크기라도 자신에게 부담이 된다면 더 작게 쪼개어 시작하고 반복하면 된다.

불편함과 문제를 해결하거나 변화를 꿈꿀 때 '한 번에'라는 마음으로 시작하는 경우가 많다. 당장 변화하고 싶고, 당장 해결하고 싶고, 한 번에 확 바뀌었으면 하는 바람이 클 것이다. 욕심이 많았던 내가 주로 해결하는 방법이 '즉시', '한 번에'였다. 하지만 결국 당장 해결하는 일도, 즉시 실행하기 위한 움직임도 전혀 하지 못했을 때가 많다. 일에는 과정이 있는데 그 과정을 밟아가는 시간이 지겹거나 두렵고 답답하기 때문일지도 모른다.

좋은 습관을 빨리 길들이고자 거창한 목표를 세우고 실천했지만 곧 실패했다. 거창한 목표와 함께 거대한 부담감도 함께 따라왔기 때문이다. 그럴수록 아주 작게 시작해야 한다. 작을수록 쉽게 행동할 수 있고, 쉬운 것은 또 하고 싶은 마음을 가져다준다. 미시건 대학교 수 칼 와익은 목표를 수월하게 달성할 수 있게 하는 좋은 방법은 '일을 잘게 쪼개 아주 작게 시작하는 것'이라고 언급했다. '아주 작게'는 쉽게 실행할 수 있게 만들며, 또 하고 싶은 지속성을 만든다.

시중에 다양한 습관 책들의 공통점을 보면 '작고 쉽게 행동을 이어갈 것'을 강조한다. 당장의 변화라든지, 해결할 수 있는 것은 없겠지만 점진적으로 개선될 수 있는 전략을 알려주고 있다. 하루 30분, 하루 15분, 하루 10분씩 또는 20회, 30장, 5잔… 다양한 작은 전략을 반복할 것을 강조한다.

'오? 10분 정도야, 당연히 해낼 수 있지.'

우선 타이머를 틀고 윗몸일으키기를 했고, 누워 자전거 타기를 했다. 10분이고 뭐고 움직이지 않던 내가 할 수 있는 것은 고작 3번 아니면 1분 이하인 것 같았다. 10분이라는 가벼운 시간에 끄떡없이 해낼 수 있을 것 같았던 운동은 생각과는 달리 너무 길고 힘든 시간이었다. 첫날은 그렇다 치고, 10분은 내게 버거운 시간이었다. 띄엄띄엄 해내던 10분은 얼마 안 가 포기했다.

변화는커녕, 자책감만 생겨났다. 도대체 작다는 것의 기준이 뭘까? 어떤 사람은 30분이 작은 시간이라 거뜬히 해내고, 나는 10분조차도 큰 시간이라 힘들었다. 이처럼 다양한 작은 습관 전략 중에서 얼마나 작아야 습관을 꾸준히 이어갈 수 있을까? 고민이 되었다.

하루 1.5리터 이상의 물을 한 번도 마셔보지 않았던 내가 5잔을 마실 수 있을까? 물론 동기부여에 의해 첫날과 며칠은 해낼지도 모르겠다. 어떻게 해서 참더라도 지켜낼지도 모른다. 예기치 않은 상황이 생기면 그 핑계로 쏙 숨어서 다시 예전처럼 되돌아갈 것이 불 보듯 뻔했다.

"습관을 꾸준히 하기 위해 작은 목표의 전략을 써라."

습관이 나오는 책에서 익숙하게 들어본 말이다. '아주 작은' 목표의 전략은 조금 더 디테일하다. 마치 두 조각난 사랑니를 여러 조각으로 더 잘게 쪼개듯이 더 잘게 쪼갠 전략이다. 저자는 팔굽혀펴기 10분 또는 30번이 아니라 겨우 한 번의 목표를 정했다. 팔굽혀펴기 한 번으로 자신의 인생이 바뀌었다.

우리는 자신의 기대치를 과하게 높일 때가 많다. 그래서 습관을 실천할 때도 '30분쯤 그까짓 것'이라는 기대치를 올리고 시작한다. 내가 경험했던 무수한 실패를 들여다봤더니 기대치가 높은 전략이 깔려 있었다. 그것보다 더 작은 전략이라 생각했던 것도 어느 정도의 크기를 올려서 실행하고 있었다. '이 정도는 해줘야.' 하는 작은(말만 작았지, 결코 내게 작지 않은) 목표가 숨어 있었다. 그 목표조차 실패하자 깨달았다. 부끄럽지만 내게 필요한 것은 작은 전략보다 더욱더 작고, 가소로울 만큼의 '아주 작은' 전략이 필요하다는 것을.

예상한 대로 아주 작은 전략은 잘 맞았다. 딱 2분, 딱 2잔, 두 줄, 딱 1번의 아주 작은 목표는 부담감이 생기지 않게 만들어주었다. 부담 없이 아침에 일어나 바로 물 마시고, 2분 동안 복식호흡하기, 스트레칭, 식탁 한구석에 종이를 펼치고 두 줄의 글 적기 등은 재미나고 할 수 있는 만만한 것들이었다.

부담스럽지 않으면 또다시 하고 싶어진다. 나약하고 포기를 잘하는 것에 익숙한 내가 지금까지 끈기 있게 지속할 수 있었던 것은 작게, 아니 '아주 작게' 목표를 쪼개고 쪼개어, 가소로울 만큼 쉽게 시작했기 때문이다. 한 번에 변화하려는 마음을 접고, 그저 내가 할 수 있는 목표보다 아주 작고, 잘게 나누어 실행하는 것이 습관을 이어갈 수 있었던 비결이다.

더 작을수록 쉽다. 지금의 목표가 부담된다면 더 작게 아주 더 작게 쪼개어 시작해보자.

작게? NO

아주 작게? YES

'또, 언제든지!' 성취하는 기쁨

"말로 표현하기 힘든 '작은 성공의 맛'을 보기 위한 요건이 바로
목표의 '만만함'과 '실행'에 있기 때문이다."

– 《나는 고작 한 번 해봤을 뿐이다》

게임이나 스포츠를 좋아하지 않는다. 아무리 재미로 하는 것들이
지만 한 번도 이겨본 적이 없어 그런지 흥미를 느끼지 못했다. 정확
히 말하면 질 것이 뻔했기 때문에 회피했다. 친구들이 져도 괜찮다
고 이야기해도 "어차피 하지도 못하고, 질 게 뻔한 데 시간 낭비를
왜 해?" 하며 시도조차 하지 않았다. 초등학교 운동회 때, 제일 자신
없는 달리기를 했다. 처음에는 출발이 같았으나 점점 내 앞으로 가는
친구들을 보며 '어차피 꼴등'이라는 마음으로 걸어가기도 했다.

실패가 반복되다 보면 질 것 같은 생소한 것들은 아예 시도하지

않고 관심을 끊다. 성취감이라곤 눈을 씻고 봐도 없었다. 지금 와서 생각해보면 성공한 경험이 없어서 시도해볼 의욕 자체가 없었다. 실패할까 지레짐작 시도조차 하지 않았다. 어쩌면 학습된 무기력에 빠진 것일지도 모르겠다. 한두 번 해보다 안 된 것들에 '해봐도 안 되는 게 당연하지.'라며 흥미조차 갖지 않았다.

학습된 무기력에 빠지면 최고가 되고 싶고, 반짝 빛나고 싶은 마음을 갖고 있지만, 행동과 마음의 괴리감은 크다. 어차피 해도 되지 않을 것이라는 생각이 가로막는다. 벼룩 이야기를 알 것이다. 벼룩 한 마리를 잡아다가 종이컵 안에 넣었다. 넣은 지 얼마 안 되어 벼룩은 종이컵 밖으로 튀어나온다. 튀어나온 벼룩을 반복해서 잡아넣고 유리로 덮어버린다. 벼룩은 이내 유리컵에 몇 번 부딪치고 나서 더 이상 튀지 않는다. 유리를 치워도 말이다.

성공한 경험이 거의 없는 내가 어떻게 성공할 수 있을까? 성공의 크기를 아주 작게 줄여 자주 성공을 맛보게 하는 것이다. 1시간 운동, 30분 이상 운동 등 나와 맞지 않는 전략을 버리고 아주 쉽고 만만한 실행력을 이어나갔다.

만만한 실행은 자주 성공을 맛보게 했다. 한두 잔 물 마시기의 성공은 1.5리터 목표를 세워두고, 한 잔도 마시지 않아 자책하는 모습을 희석시켜줬다. 매일 짧은 일기 두 줄은 간헐적으로 썼던 한 바닥보다 나를 깊이 대면하는 시간을 갖게 해줬다. 매일 거창하게 놀아주

겠다는 계획보다, 아이에게 칭찬 한 번의 실행이 꾸준하게 반복하게 만들어줬다.

과감한 목표를 아주 작게 줄이고 금방 실행할 수 있도록 만들었다. 실행이 쉬웠고 재미있었다. 자주 성취감을 맛볼 수 있는 계기가 되어 '또' 하고 싶은 마음까지 들게 되었다. 실행이 쉬워 반복하는 횟수도 늘어나자 잦은 성취감을 가져다주었고 언제든지 '할 수 있다'는 자신감을 갖게 해줬다.

'어차피 이루지도 못할 것'들을 해보기도 전에 포기하는 것이 아니라 '일단 해보자'라는 마음이 생겼다. 작은 습관을 실행한 뒤 공모전, 이벤트, 대회, 프로젝트 등 실제로 이루어낸 성과들은 거창한 목표를 세우기 전보다 훨씬 많다.

습관 프로젝트를 함께하다 보면 학습된 무기력으로 힘들어하는 사람들이 많다는 것을 알게 되었다. '못 할 거야.' 부정적 신념이 아주 작고 가벼운 행동의 반복으로 인해 무기력이 조금씩 줄어드는 것을 보았다. 거창한 행동보다 가볍게 몇 분의 스트레칭으로 운동 습관을 만든다든지, 거창한 요리보다는 음식을 매일 준비하는 과정 몇 분에 중점을 두면서 성공을 반복하다 보니 제일 두려워하고 겁냈던 반찬을 즐겁게 만드는 과정을 보았다. 가벼움은 또 하고 싶다는 마음을 가져온다. 가벼운 행동의 반복이 삶을 바꾼다.

미국 인지심리학의 대가 칼 와익 교수가 복잡한 문제의 가장 좋은 해결 방법은 '쉬운 단위의 일을 여러 개로 나눠 실행하는 것'이라고 주장했다. 문제를 여러 단계로 나누면 각 단계에서 해야 할 행동이 명확해지기 때문에 문제가 복잡하지만은 않다는 주장이다.

수학이 어렵다는 아이는 수학 공식을 보자마자 "못하겠다"라며 포기하려고 했다. "그렇게 해서는 실력이 늘지 않는다. 수학은 하루에 한 시간씩이라도 몰입을 해줘야 한다." 충고하는 지인들의 말을 한 귀로 흘리고 "하루에 딱 하나만 풀어보자."고 목표를 아주 작게 쪼갰다. 작은 목표를 성취하는 것으로 기준을 낮추었다. 다행히 아이는 부담스럽지 않았는지 '또 하고 싶다'라고까지는 아니지만 "못 하겠다"라고 포기하지 않는 것만으로도 만족한다. 아주 조금씩 점 찍듯이 이어가고 있으니 말이다.

흥미를 다시 불러주는 것에 초점을 맞추며 아주 작은 목표를 이어가고 있다. 물 두 잔 마시기의 첫 성취감으로 인해 계속하고 싶고, '할 수 있다'는 자신감을 만들어준 것처럼, 아이도 언젠가 잦은 성취감으로 '또, 언제든지, 할 수 있다'는 마음으로 성장하는 날을 기대해본다.

학습된 무기력으로 또 실패할까 시도하지 못하고 있다면, 유치원생도 할 수 있을 만큼 아주 쉽고 만만한 실행전략을 세워보자. 실행이 쉬우면 자주 성공을 맛보게 되고 또 실행하고 싶은 마음도 들 것이다.

성공의 크기를 아주 작게 줄여 자주 성공을 맛볼 수 있게 만들어 보자. 작은 성공을 자주 하다 보면 언젠가 큰 성공도 쉽게 하는 날이 온다. 쉽고 작은 실행을 반복할수록 잦은 성취감은 물론, 언제든지 '할 수 있다'라는 자신감을 갖게 해준다.

지금 바로, 실천하고 싶은 행동 하나를 골라 아주 작고, 쉽게 실천에 옮겨보자. 성공했다면 다음 날도, 계속 반복해 나가 보자. '또 언제든지' 하고 싶은 마음은 자연스럽게 반복하고 싶고, 매일의 반복이 습관을 형성하는 길이다.

나를 잘 알아가는 습관

"우리가 모두 같은 사고방식을 지닌다고 해도 그것이 가장 좋을 수는 없다. 다른 의견이 있기에 경마도 할 수 있는 것이다."

– 마크 트웨인

아주 작은 습관을 길들이기 전에 나는 이랬다. 핸드폰을 열어 SNS을 습관적으로 연다. 플랫폼에 "딱 14일! 아침 일찍 일어나기"라는 광고가 붙은 것을 보고 귀가 팔랑거린다. '나도 참여할까?' 지금 하고 있던 것들도 시간 없다고 볼멘소리를 한 것이 어젯밤이었는데 또다시 눈을 돌려 완벽하고 유명한 인플루언서에 빙의되어 간절히 변하고 싶어진다.

그동안의 실패한 습관과 목표가 수두룩해도, 화려하고 에너지 넘치는 사람들의 소리를 들으면 엉덩이가 들썩거리고 나도 모르게 클

릭을 누르려고 했다. 전업맘이다 보니 언제 사회로 나갈지 모르는 일인데, 다양한 경험을 미리 쌓아야 된다는 생각에 이것저것 해야 할 것 같은 조바심이 생긴다. 이것도 하고 싶고, 저것도 해야 하는데 벌여놓고 포기한 것들이 널브러져 있다

김미경 강사가 했던 말 중에 인상 깊었던 말이 있다.

"내가 제일 잘하는 게 뭔지 아세요? 나를 잘 아는 것, 나를 속속들이 다 아는 것이에요."

꼭 필요한 정보를 다 알기도 바쁜 세상에 나를 알아간다는 게 얼마나 지루하고 힘든 것인가? 혹은 나만큼 잘 아는 사람이 어디 있다고 지나쳤을지도 모르는 일이었지만, 진정 나를 알아가지 않으면 계속 이것저것에 헤매다 시간만 낭비할 수도 있다. 사람들이 좋다는 식품을 내 체질과 상관없이 바꿔보려 애써도 봤고, 여러 가지 방법을 동원해서 행복하기 위해 애써봤지만 내게는 맞지 않는 방법이었다. 시작하고 얼마 못 가 실패하기 바빴다.

언젠가는 영어에 꽂혀, 영어를 잘하는 유명인처럼 되고 싶었다. 잘하고 싶은 이유보다 그냥, 남들이 다 하니까, 이것만 하면 삶이 나아질 것 같아서, 나를 우러러봐 줄 것 같아서… 등과 같은 막연함에 습관으로 채워 넣는 날이 많았다. 그런 습관들은 결국 얼마 못 가 시작과 함께 사라졌다.

사람마다의 체질과 성향이 있듯이 습관에도 맞고 맞지 않는 것이

있는 것은 아닐까? 언어에 뛰어난 언니는 누가 시키지 않아도 영어, 일어, 중국어 공부를 했다. 영어를 잘하는 것은 당연한 일이겠다. 반면 미술에는 젬병이다. 말하는 것이 서툰 나는 영어 공부를 해도 항상 제자리걸음이었다. 반면 미술은 힘들이지 않고도 즐겁게 그린다. 눈만 돌리면 책장 속에 꽂힌 수많은 영어 문법, 회화책이 있는데도 낯선 마음과 다르게 그림은 꺼내기도 힘든 곳에 있는데도 매일 꺼내서 사용한다.

나는 말로 하는 것보다 그림 그리기처럼 손으로 표현하는 것을 좋아하는 사람이다. 남들을 따라 했던 영어보다 그림 그리는 습관이 잘 길들여진 이유였다. 이렇듯 '이 습관을 왜 길들이는가?' 이유가 분명해야 한다. 왜 하는지도 모르면서 그냥 좋아서, 남들에게 인정받기 위해 하는 습관은 끝까지 가지 못한다.

원으로 줄을 세운 쐐기벌레는 앞의 벌레만 따라 졸졸 따라다닌다. 대형 밖에 먹이가 있어도 원을 나올 생각을 못하고 계속 앞에 있는 벌레의 꽁무니만 쫓다가 대다수 죽어버린다. 우리 역시 쐐기벌레처럼 이유도 모른 채 그냥 남들이 하니까 따라 하다 자신을 다그치거나 책망한다. 자신이 좋아하고 잘할 수 있는 습관부터 중심을 세우고 진짜 필요한 습관을 길들여야 한다. 자신에게 도움이 되는 습관, 정체성을 만들어갈 수 있는 습관부터 만든다면 뿌듯함과 믿음까지 같이 생겨날 것이다.

'나는 누군가? 나는 어떤 사람인가? 무엇을 좋아하나?'

나는 따뜻함을 좋아하고 방구석에서 사부작거리는 것을 좋아하는 사람, 음악과 그림, 동물을 좋아하고 공감과 위로를 잘해주는 사람, 외형적으로 주부이자 엄마, 아내이자 초보 작가, 겁이 많지만 호기심도 많아 새로운 것을 배우는 걸 좋아하는 사람이다.

이 많은 것을 하기 위해서는 건강을 세워야 했다. 무엇보다 실행력은 몸의 근력과도 연관이 있어 보였기 때문이다. 죽기보다 싫은 것중 하나, 운동 습관을 길들여보기로 했다. 체력이 약하니, 건강을 위해, 나를 보고 자라는 아이를 위해서라도 건강한 엄마의 모습은 보여주고 싶었다.

'그런데 어쩌지? 마흔 넘게 살아오면서도 길들이지 않았던 운동을 어떻게 길들이지? 그동안 실패했던 적이 얼마나 많았던가.' 싫은 습관을 할 때는 조금 하다 실패할 확률이 크기 때문에 더욱 진지하게 "왜"를 물어봐야 했다. 김미경 강사가 말했듯 나와 잘 소통하고 나를 잘 아는 것이라면 어떤 대답이 나올 것 같았다.

'왜 운동 습관을 길들이고 싶을까?'

'움직이는 것은 귀찮고 싫어. 부정적인 생각과 건강이 점점 나빠지려고 하니 좋아하지 않지만, 건강을 위해 길들여 보려고. 끝까지 해내려고!'

'그럼 어떻게 할 거야?'

'알잖아. 나… 나는 어려운 거는 쉽게 포기하니 쉬운 것부터…'

우선 비타민을 먹고, 몇 분 복식호흡이라도 자주 반복해볼 것을 계획했다.

아주 작은 습관은 나를 알아가고 오직 나를 위한 습관으로 길들이는 데도 부담이 없다. 크기가 아주 작고 문턱이 낮아 부담감이 적다. 호흡 몇 분에서 스트레칭, 푸시업, 요가, 스쿼트, 계단 오르기, 걷기로 몸의 움직임을 조금씩 확장했다. 물론 아직도 진행 중이지만 습관을 길들일 때, 스트레스 받거나 남에게 보이기 위해서 하지 않는다. 오직 나를 위한 작은 움직임이다.

아주 작은 습관을 길들이면 점점 내게 맞는 습관으로 변형되어 길들여진다. 아무리 어려운 습관이라 해도 진짜 자신이 길들여야 하는 이유를 알게 되면 늦게라도 끝까지 정착되어 체득이 된다. 아무리 쉬운 습관이라 해도 나 자신을 위하지 않는, 타인을 위한 습관은 연기처럼 사라졌다.

지인 중에 그림을 잘 그리는 사람이 있다. 항상 입으로 "공부해야 한다."라며 계획을 잡고 시간을 보내는 듯했다. 계획을 잡고 보니 자신이 제일 하기 싫은 공부였던지라, 딴짓만 하다가 하루를 낭비하는 날을 반복했다. 사정을 들어 보니 자신이 시험을 잘 봐야 부모님께 인정받고 지인에게도 자신이 가치로운 사람으로 인정받을 수 있다고 생각했다. 오히려 그림으로 직업이나 취미, 습관을 해나가도 잘할 것 같은데 지인은 공부를 선택했다. 조바심 때문에 실행이 더 안 되는 상황이었다.

지금도 그녀는 공부를 미루면서 "공부해야 하는데…"를 입에 달고 다닌다. 자신을 더 들여다보고 진정 원하는 습관이 무엇인지 물어봤으면 좋겠다. 자신에게 진짜 필요한 습관인데 길들이는 것이 어렵다면 아주 작게 목표를 정해서 꾸준히 이어나갈 수 있다. 공부가 타인의 인정을 받기 위한 습관이라면 자신에게 진짜 필요한 것이 될 이유를 만들어보든지, 과감히 공부 외의 자신이 좋아하는 습관을 만드는 것도 나쁘지 않다고 본다.

실행이 가벼우면 재미있고, 또 반복하고 싶어진다. 꾸준하게 지속하다 보면 내게 맞는 습관인지 아닌지 가늠할 수 있다. 습관을 통해 알게 되는 것은 타인에 의해 억지로 부여잡고 있는 것 등 자신에게 맞지 않는 것은 버려지고 진정으로 나 자신을 위한 것만 남게 된다. 아무리 길들이기 힘든 습관도 자신에게 "왜?"라는 질문을 통해 자신에게 진지하게 물어보자. 성장과 우리 삶에 필요한 것이라면 실패하지 않는 아주 작은 행동이 길을 터줄 것이다. 그렇게 서서히 나답게, 나를 알아가는 과정을 즐길 수 있다.

chapter 3

아작 습관이 뭔데?
실천이 중요하지!

길어진 집콕에도 아작

"안녕하십니까. 보건소입니다."

문자 한 통을 받고 가슴이 철렁 내려앉았다. 아이가 다니는 검도
장에서 여러 명의 확진자가 발생했는데 아이가 확진자와 밀접 접촉
을 했다는 것이다(코로나 초창기의 일이다). 처음으로 겪는 일에 당황했
지만 곧 마음을 진정시키고 방역 수칙에 따라 보건소로 가서 검사받
고, 자가 격리에 들어갔다.

아이의 체온을 재고 컨디션을 파악하며 위생에 계속 신경 쓰는
일이 여간 성가신 것이 아니었다. 아이의 건강, 위생 등 솟아나는 불
안감과 예민함으로 계속 신경 쓰고 있었다면 하루도 못 견뎠을 텐데,
다행히 작은 습관 덕분에 답답하고 불안한 마음을 이겨낼 수 있었다.

어디 그뿐인가. 남편의 확진으로 온 가족이 확진되었을 때도 답
답한 일주일을 나름 보람차게 보냈다. 기침이 심한 와중에도 짧게 할

수 있는 루틴을 해냈다. 매일 하던 대로 아침에 일어나 양치하고, 따뜻한 물을 데워서 한 잔 마신 후 유튜브에서 '고관절 스트레칭'을 검색해서 따라 했다. 아이 역시 좋아하지 않는 물이지만 조금 더 신경써서 마셨으며 스트레칭을 했다. 다시 스트레칭이 끝난 후 다른 홈트와 요가를 하면서 땀을 뺐다. 개운한 몸으로 자리에 앉아 일기를 쓰고 책을 읽었다. 언제든지 반복할 수 있는 작은 습관 덕분이다. 일상으로 돌아가기 위해 다양한 운동을 이것저것 시도하면서 격리 기간을 지냈다.

자가 격리도 해제되었고 오랜만에 딸 친구 엄마들을 만났다.

"언니, 나… 나았던 갑상선이 다시 도졌어요."

"귀에 이석증이 생겨서 약 먹고 있어요."

"언니, 나는 몸이 굉장히 좋지 않아서 종합 검진했어."

다들 길어진 집콕, 격리, 사회적 거리두기, 재택 근무 등으로 인해 스트레스가 쌓였는지 여기저기서 아프다고 난리다.

"간단한 운동이라도 좀 해보지….."

마음의 여유가 없는 지인은 시간이 없다고 했다. 아이를 돌보며 달라진 생활패턴 속에 자신을 찾는 일은 여간 쉽지 않다. 시간 내는 일도, 자신을 위해 운동하고 책 읽는 것도 쉽지 않다.

그래도 할 수 있는 일을 하는 것이, 안 하는 것보다 덜 답답하고 불안했다. 할 수 있는 여유가 없을 때는 유연하게 숨 쉴 틈이 생기도록, 아주 조금이라도 비집고 들어가 작게 실행하는 것이 마음에도 안정을 주었다. 내가 중심이 되고, 건강하며 행복해지는 행동의 점이라도 아(주) 작(게) 내다 보면 어느 순간 또 힘을 내고 살아가는 데 도움이 된다. 아주 조금씩이라도 자신을 위해 지속하는 것이 있으면 근거 있는 꾸준함 덕분에 '나 자신을 믿어주는 힘'도 조금씩 오르게 된다.

코로나로 지쳐 건강도 생기도 잃어가려고 할 때, 아는 동생이 "코로나로 무기력해졌다."라며 뭔가 약간의 장치가 필요하다고 했다. 나도 필요성을 절실히 느꼈던 터라, '아작 습관 프로젝트'를 모집했다. 그렇게 시작된 프로젝트의 시작으로 동생은 '매일 아침 비타민 3알 먹기'를 시도했다. 동생이 비타민 먹는 시간대, 사진을 올리며 간단하고 작은 루틴을 만들어가는 과정을 지켜보면서 나도 작은 습관을 더 견고하게 다져갔다. 몇 주가 지나고, 몰라보게 생기 있게 보이는 동생을 만났다.

"꾸준히 비타민을 먹으니 안 먹었을 때보다 확실히 활기를 조금씩 찾는 것 같아."

고작 비타민 하나였지만 자신을 위해 할 수 있는 작은 무엇을 실행하고 반복한다는 것만큼 큰 무기는 없다.

집콕 생활에도, 정신없는 상황이 와도, 자신을 위한 아주 작은 습관을 반복, 실행하는 것만큼 생산적인 일도 없을 거다. 비타민, 물 한 잔, 일기 두 세줄, 국민체조, 스쿼트 10개, 하루 하나 비우기…. 별것 아닌 것 같은 일상의 행동 중 자신에게 중요한 점 하나를 찍는 것이 자신에게 얼마나 값지고 멋진 일인지 직접 해보면 알 것이다. 길어진 집콕, 그럼에도 아작(아주 작은 습관)하는 뿌듯함이란!

바쁜 현대를 살아가다 보면 코로나와 같은 큰 상황도, 자잘한 문제들에도 정신을 온전히 뺏길 때가 있다. 이리저리 휘둘리다 보면 나를 챙기고 살 시간도 여유도 없다. 아프고 문제가 생기고 나서야 나를 잘 챙겨보리라 후회한다. 평소에 작게라도 자신을 위해 2, 3분을 투자해 계속 실행해야 10분의 시간을 낼 수 있으며 매일 꾸준히 할 수 있다. 코로나로 인한 길어진 집콕에도, 소소한 문제가 온다 해도 걱정 없다. 어떤 상황이 와도 미리미리 아주 작게 지속해보자. 고작 별것 아닌 행동 하나의 반복이 정신없는 상황에서도 묵묵히 해나가는 힘을 보태준다. 감히 나는 이렇게 말한다.

"내일 지구가 멸망할지라도 나는 오늘 아주 작은 습관을 실행하겠다."

– 지수경

자책하는 습관도 그만

"일단 작은 성공 하나를 성취하면 그다음 작은 성공을 얻기 위한 태도가 저절로 갖춰지죠."

— 인지 심리학자 칼 와익

중학교 때였지 싶다. 밤새 얼굴을 긁어 상처를 낼까 봐 꼭 쪼이는 양말을 두 손에 끼고 잤다. 하지만 어김없이 양말은 벗겨져 있었고 얼굴은 진물로 엉망이 되었다. 가끔 아토피로 고생했던 과거를 떠올리면 손에 낀 양말, 엉망이 된 피부와 자책하는 마음이 먼저 생각난다. 아토피 피부염을 고치려고 안 해본 식이요법이 없고, 안 가본 병원, 한의원이 없다. 셀 수 없이 다양한 방법으로 완치하려 했었다.

성인이 되어서도 마찬가지였다. 조금 나아지다가 심해지는 아토피를 반복하면서 또다시 식이요법 하는 곳을 기웃거리기 시작했다.

82

'왜 내게만 이런 일이 일어나는 것일까?' 거울을 들여다보며 피부를 원망했다.

마음과 감정은 자연스레 부정적으로 기울어졌다. 단 한 번이라도 맞는 요법이나 의학이 있었으면 이렇게라도 실망하지 않았을 텐데 매번 하다 말다 반복하고 포기하는 나 스스로도 한심하게 느껴졌다. 엄마는 새로운 요법이나 권한 약이 실패로 돌아가면 늘 이렇게 말씀하셨다.

"으이구, 이번만 참으면 다 나을 수 있는데… 그거 하나 못 참아?"

그런 소리를 들을 때마다 참을성이 없는 내가 문제라고 생각했다.

'끝까지 참았더라면 어쩌면 아토피가 나았을지 몰라. 나는 뭘 해도 안 되는 사람'이라고 자책했다. 실수나 포기하는 날은 특히 더 원망이 올라왔다. 포기하거나 실수를 할 때, 1퍼센트라도 나를 믿어주는 힘이 있었다면 오랫동안 나를 원망하며 살지 않았을지도 모른다. 믿어주는 힘 자체가 없었다. 끝까지, 끈기 있게 해결하지 못한 경험들은 반복된 포기와 함께 자책하는 습관으로 이어졌다.

습관 책에서는 우리가 살면서 겪는 고통 중 많은 부분은 무언가에 대해 잠재 의식적으로 자신을 벌해야겠다는 자책하는 습관 때문이라고 알려주는데 나 역시 일을 하거나 사람을 만날 때에도 예기치 못한 일을 하는 상황에서도 '포기'하며 자책을 먼저 떠올리게 되었다.

아이를 잘 키우지 못해 자책했고, 감정조절에 실패해서 아이에게 분노를 쏟아낸 뒤에는 더욱 자책하며 죄책감에 시달렸다.

아이를 위해 변화하고자 결심했을 때, 그 결심을 자꾸 미루며 나쁜 행동과 말을 다시 반복하고 말자, 두 눈을 씻고 봐도 나에 대한 믿음은 없고 책망과 원망만 잔뜩 남아 있었다. 건강한 엄마가 되기 위해 했던 거창한 운동은 삼 일을 넘기지 못하고 포기했다. 기분이 좋을 때는 독서를 열심히 하고, 뭐든 생각대로 이룰 것 같지만 기분이 나쁜 날에는 한 구절도 읽기 싫을 정도의 감정 기복으로 나를 더 혼란스럽게 했다.

작은 습관을 통해 깨달은 것이 있다. 자신을 자책하기보다 다독이고 믿어주는 것이 훨씬 빠르게 행동 변화를 이끌어낸다는 것이다. 꾸준히 지속하다 보면 자연스럽게 자기 믿음이 생겨난다. '나도 포기하지 않는 사람이구나.', '끝까지 가면 분명 성공할 수 있어.' 등과 같은 긍정적인 생각으로 전환한다.

비록 매일 1.5리터의 물을 매일 마시지 않아도 하루 2잔의 물 마시기는 뿌듯함을 안겨주기에 충분했다. 1.5리터의 과도한 목표에서 벗어나 아주 쉽게 시작하는 목표는 마음의 부담감을 내려놓게 했다. 두세 줄의 감사일기를 쓰며 나에 대한 감사거리를 찾아 썼다. 불평거리들이 올라올 때마다 "감사합니다." 말하며 매일 작게 이어갈 수 있었다. 실천하다가 특별히 행동에 대한 거부감이 들 때, 행동을 더 작게 쪼개면서 지속했다.

《습관의 디테일》에서는 우리의 행동을 유도하기 위해서는 황금 행동, 즉 아주 쉽게 설계하고, 버거운 행동일수록 작고 작게 쪼개라고 알려준다. 작고 작게 나눈 행동은 쉬워서 지속해서 나아가게 만들어준다. 점 하나 찍는 실천들은 나를 계속해서 나아가는 사람, 과정 중에 있는 사람이라고 규정해준다. 작게 성공하면서 나에 대한 믿음이 생기고 자책하는 습관도 줄어들게 된다. 실패는 다시 수정해서 가는 과정이라는 깨달음도 얻는다. 어떤 문제가 생겨도 '더 작게' '점 하나만' '쉽게'를 생각하며 자신을 다그치지 않는 순간들이 생겨난다.

지인 A는 어려서부터 엄마에게 혼나며 감정적으로 억압받고 자라왔다. 그래서인지 성인이 된 이후에도 무슨 일이 일어나면 자책하는 것이 습관이 되어 자신감이 없었다. 작은 실천조차 두려워 시작하지 못했다. 엄마의 감정에 좌지우지하며 매일 부정적인 생각에 사로잡혀 있다가 작은 습관을 실천하면서 조금씩 변화했다. 경제적인 통제력을 위해 몇천 원씩 저축을 했다. 쇼핑을 조금씩 줄여나갔으며 처음으로 통장 만기도 달성했다. 작은 변화들은 자신감이 되었으며 자책하는 습관을 줄여나가고 있다.

자신을 옭아맸던 자책하는 습관은 아주 작은 습관으로 변화할 수 있다. 아주 작은 습관은 자신을 믿어주는 자신감과 여유로움이 생겨나게 한다. 자신이 할 수 있는 일에 집중하고 과장된 목표가 아닌 진정으로 자신에게 맞는 목표를 실천한다. 운동을 싫어했지만 이제는 자발적으로 걷고, 스트레칭하며 스쿼트 및 계단을 오른다. 작고 쉬운 실행 속에 끊임없는 지속은 나를 끈기 있는 사람, 자신감 넘치는 사람으로 변화시키고 있다.

실패할 수 없는 아주 작은 행동은 매일의 작은 성공을 가져다주며 우리 자신을 믿게 변화시킨다. 실패하는 경우에도 자책하지 않고 우리 자신을 단단하게 일으켜 세워주는 힘이 된다. 잦은 시도와 실패를 하더라도 자책하지 말자. 전략을 바꿔 아주 작게 성공하면 해결되는 일이다.

아플 때도 할 수 있는 습관

"사람의 의욕은 사소한 장벽에도 날아가버린다."

– 사사키 후미오

가끔 생기는 편두통은 삶의 질을 떨어뜨린다. 한쪽 머리에서 콕콕 쑤시는 두통은 굉장히 기분 나쁘게 만들었다. 전조 증상이 오면 약을 먹을 때도 있고 허브차를 마시기도 하며 심신이 안정되는 음악을 듣기도 한다. 혼자였으면 푹 쉬기라도 할 텐데, 엄마와 아내의 일을 멀찌감치 미뤄놓고 누워 있으려 해도 찜찜함은 계속 따라다녔다. 그런 날은 유독 아이의 요구사항이 배로 늘어날 때가 많다. 그러다가 참았던 통증의 감각과 감정을 "펑"하고 터뜨리기도 한다.

"신체의 건강 유지는 인간의 본분이다. 그렇지 않으면 우리의 마음을 튼튼하고 맑게 유지할 수 없다."라는 부처의 말처럼 약한 신체

87

는 마음과 감정의 질을 확 떨어뜨렸다. 문자를 확인하다가 우연히 들어간 SNS에는 건강미 넘치는 사람들이 "오늘도 자신을 이겨내며 달리기를 성공했다."라며 확신과 승리에 가득 찬 얼굴이다. 그럴 때마다 아파서 아무것도 하지 못하고 있는 내가 한없이 작아졌다.

아주 작은 습관을 실천하고 달라진 점이 있다. 저질 체력이 건강하고 근육 있는 체질, 건강한 체질로 확 변신하지는 않았지만 아프고 나서의 나를 보는 태도가 바뀌었다. 나를 탓하지 않고 나에게 맞게 조절하게 되었다.

'아팠구나. 속상했겠네. 토닥토닥, 오늘은 더, 더 작게!'

자신을 위로하며 격려해 주는 사람으로 변했다. 아주 작은 실행 덕분에 아플 때도 내게 맞는 작은 것을 찾아 최소만 해냈던 것이 큰 힘이 되었다. 습관을 실패하다 보면 자신에 대한 믿음이 없을 때가 많은데, 그 믿음을 서서히 살려주는 것이 아주 작은 행동의 반복이다. 아프거나, 하고 싶지 않을 정도의 상황에도 할 수 있는 작은 목표와 선택지를 주는 것이 아주 작은 습관이다. 아플 때도 금방 습관을 끝내거나 비슷한 대체 실행을 응용하며 쉬지 않게 만들어준다. 그 덕분에 예기치 않게 컨디션이 좋지 않거나 아플 때도 습관을 금방 할 수 있고, 습관을 이어가는 나에 대한 믿음도 생기게 되는 좋은 점들이 많아졌다.

습관 멤버 중 다둥이 엄마가 있다. 약한 체력 때문에 아이들 보는 것도 힘들어 늘 죄책감에 시달린다며 고민이 많았다.

"어떻게 그렇게 꾸준히 하고 있나요? 저는 아플 때가 많아서 꾸준히 잘 안 되네요."

"속상하죠. 아플 때 하고 싶은 거 못하면 참 서러워요. 예전에는 저 역시 아플 때, 꾸역꾸역 하려다가 더 아팠던 적이 많았어요. 그래서 이제는 아예 기준을 정했어요. '아플 때도 할 수 있을 만큼 가볍고 쉽고 짧은 것'으로요. 그렇게 목표를 삼아보세요."

혹자는 "저렇게 작으면 했다는 티가 안 날 것 같은데, 그렇게 해서 언제 습관이 되겠어요?"라고 말할지 모른다. 그런데 생각해보라. 거창한 목표를 잡고 실천하다가 아파서 빠지고 자책해서 실패했다는 생각보다, 아주 작고 쉬운 목표라도 실천하고 난 뒤의 뿌듯함을 이어가는 것이 더 쉽게 포기하지 않을 수 있다.

행동의 크기가 크면 거부감과 부담감이 생기고 아플 때는 더 쉽게 포기한다. 건강한 남의 삶을 비교하면서 절망에 빠지기도 한다. 옆집 엄마의 똑같은 이야기를 들어도 컨디션이 좋은 날은 기분 좋게 들리는데, 아프고 지치는 날에는 이상하게 기분이 나빠진다.

컨디션 조절도 잘해야겠지만 아프거나 지쳤을 때, 어떻게 나를 다독이며 나를 믿어줄 수 있는가는 굉장한 힘이 된다. 아주 작은 목표는 실행할 수 있는 가벼움을 주기 때문에 컨디션이 나쁠 때도 간단하게 마무리할 수 있다. 물 한 컵 마시고, 감사일기 세 줄, 누워서 복식호흡으로 대체하는 운동, 독서 두 장 누워서 읽을 수 있는 간편함들….

"많이 아팠지만, 오늘도 해냈어."

"장하다, 지수경!"

자신에게 뿌듯함을 주며 나를 믿어주는 계기 하나를 더 만들어준다. 목표의 크기는 중요하지 않다. 내가 아플 때 했는가, 하지 않았는지 불안을 잠재워줄 무언가가 필요할 뿐이다.

습관을 만들기 위한 노력을 꾸준히 지속할 수 있는 것은 '아주 작은 것'에 있다. 처음부터 작은 목표가 된 것은 아니었다. 처음 길들일 때는 작은 습관의 목표 기준이 별로 없어서 남들에게 뒤처져서는 안 될 것 같고, 거창한 목표는 부담스러우니 딱 중간지점에서 목표를 정하게 되었다. 그런데 이 어중간한(결코 작지 않은) 목표는 컨디션이 좋은 날에는 잘 이뤄졌고, 컨디션이 좋지 않은 날에 목표를 이루려고 애쓰다가 더 힘들어졌다. 오히려 몸이 더 안 좋아지기도 했다.

한번은 여행 갔다 와서 호되게 몸살이 난 적이 있었다. 여행 출발 때부터 차 안에 누워서 갈 정도로 컨디션이 안 좋았는데, 그때 무슨 생각인지는 몰라도 건강하고 강인하려면 '계획했던 습관을 해야 한다'라는 의무감이 컸던 것 같다. 아파 죽겠는데 스트레칭하고 독서 노트를 적으며, 일기 쓰기, 명상을 하는데 하나도 쉬운 것이 없었다.

'아니, 건강하고 행복하자고 하는 습관들이 오히려 나를 괴롭게 하는 거 아니야?'라는 생각이 스쳤다. 억지로 해내는 것이 하나도 뿌듯하지 않았다. 괴로움만 있을 뿐. '아픈데 뭘 해? 다 때려치우고 쉬자.' 그다음은 당연한 포기였다. 아플 때도 습관을 이어갈 수 있으려면 아주 작아야 한다는 것을 깨달았다. 작은 습관을 꾸준히 길들이고 싶은 사람이 있다면 생각해보아야 할 것은 이것이다.

'아플 때도 이 습관을 할 수 있는가?'

아플 때도 할 수 있는 크기에서 시작해서 점점 불려가는 것이 훨씬 시작하기도, 지속하기도 쉽다. 아플 때도 할 수 있는 습관 목표. 잊지 말자.

습관 뒤에 숨은 감정, 너 뭐야?

"즐거운 감정은 어떤 행동이 나중에 다시 할 만한 가치가 있는지 뇌에게 가르쳐준다. 긍정적인 감정들은 습관을 만드는 반면 부정적인 감정들은 습관을 파괴한다."

– 《아주 작은 습관의 힘》

'이번에는 왠지 성공할지도 몰라.'

스트레칭 몇 분을 하면서 괜스레 근육이 솟아오른 듯 기분이 들떴다. 몇십 년 만에 느껴 보는 기분인가. 실패할까 걱정 따위는 잊고 그냥 내 몸을 작게 움직였다. 작은 습관 덕분에 실행하는 몸과 마음이 가볍다. 나를 믿어주는 힘이 생겨났다. 자기효능감은 어떤 결과에 미칠 수 있는 '자신의 능력에 대한 반응'을 뜻한다. 자신의 능력에 대한 믿음, 즉 자기효능감이 내게도 생겨난 것이다. 자기효능감이 높은 사람일수록 실패에 두려워하지 않고 다시 실패를 기회로, 성공으로 이끈다. 반대로 부정적이고 나약하며 체력이 약한 사람은 대부분 자기효능감도 부족한 것을 볼 수 있다.

나는 실패에 대한 두려움이 컸다. 실수 한 번 하면 그날은 초상날이 되었다. 남이 보지 않아도 몇 날을 곱씹으면서 자책하곤 했다. 그 때문에 실패하는 일을 만들지 않으려고 어떤 행동도 선뜻 나서지 않았다. 행동에 서툴다 보니 몸을 쓰지 않는 몸이 되었고 마음은 점점 더 무기력해졌다. 말로는 "할 수 있다"라고 외치면서 마음속으로 '넌 당연히 실패할 거야.'라고 불신의 마음을 보내고 있었다.

여태껏 해왔던 습관은 거창하게, 티가 날 정도의 목표로, 단기간에 변화하길 바라며 실행한 것들이 많다. 당연히 끝도 내지 못하고 실패로 돌아갔지만 그런 습관을 길들일 때도 이미 마음속으로 '이번에도 실패하면 어쩌지?', '나한테는 무리야.'라는 불안과 염려, 두려움의 감정을 미리 뿜어내고 있었다. 그런 감정이 숨어 있는 줄도 모르고 입으로 죽어라 "나는 올해에 영어를 마스터해서 외국인 친구 하나를 둔다." 말해본들 성공할 수 없다. 결과는 당연히 습관으로 이어지지 못했고, 지키지 못한 계획에 피로만 늘어났다.

앞에서도 언급했지만, 자기효능감은 자신을 믿어주는 힘, 곧 자신에 대한 믿음이라고 보면 된다. 이 믿음은 작은 성공을 많이 할수록 생기고, 또 다른 것도 성공할 수 있는 자신감으로 연결된다. 실행력도 살아나게 된다. 부정적 생각이 많은 사람일수록 운동이 효과 있다고 한다. 부정적인 생각을 떨어내고자 운동을 해야 하지만, 막상 내가 할 수 있는 운동은 없었다. 운동 자체를 싫어하다 보니 내게 맞는 운동을 길들이는 것은 하늘의 별 따기보다 힘든 일이었다.

그런 면에서 아주 작은 습관은 내게 딱 맞았다. 나를 어떻게 움직이는 사람으로 자리 잡게 했을까? 일단, 큰 틀의 계획 속에 최소 목표를 정했다. 큰 틀은 건강 습관이지만, 내가 할 수 있는 아주 최소의 목표는 아주 가소로운 것으로 조각을 냈다. 아무리 가소로워도 건강에 좋은 어떤 것이라도 괜찮다고 생각했다.

그래서 선택한 것이 복식호흡(실제로 다이어트의 효과가 있고 운동 효과가 있음) 2~3분. 말이 안 되지만 호흡으로 운동 습관을 잡고 서서히 작은 성공을 이어나갔다. 아침 일찍 일어나지 않아도 몇 분만 호흡하면 되는 습관이 재미있어졌다. 가소로운 습관이지만 성공이라고 하니 뿌듯함, 즐거움이라는 감정이 생겼다. 큰 목표만을 찾아서 실행했던 때와 다른 감정이다. 불편, 부끄러운, 두려움, 걱정에서 오랜만에 가벼움, 즐겁고, 뿌듯함의 긍정 감정으로 교체되었다.

예전에는 왜 이런 감정을 느끼지 못했을까 생각해보니 그때는 목표와 실행력 사이에 과한 간극이 생겼기 때문에 움직일 엄두가 나지 않았던 것 같다. 뇌도 두려움에 떨며 걱정이라는 부정 감정을 불러오게 했다. '너무 큰 목표 아니야? 여태껏 한 번도 성공한 적이 없는데 실패하면 어쩌지….' 불안한 감정이 변화하려는 의지와 맞서 싸우고 있었다.

목표 실행을 막는 것은 언제나 부정적인 감정, 특히 시작의 두려움, 걱정, 염려, 짜증, 불신 같은 것이 숨어 있다. 실패를 많이 한 사람은 습관적으로 자신에 대해 부정적인 생각과 감정을 가지고 있다. 실패할 것이 뻔하다고 지레짐작 판단해버리고 포기해버린다.

딸아이는 새로운 경험에 대한 걱정이 많다. 그래서 다른 사람보다 적응 시간이 많이 걸린다. 에디슨의 몇천 번의 실패처럼 아이도 실패를 성공의 다른 뜻으로 여겼다면 좋았겠지만 슬프게도 실수, 실패에 아주 민감했다. 창피하고 부끄러운 것으로 여긴 아이는 몇 번 해보고 아니다 싶으면 하기 싫어했다. 실패가 두려워서 자꾸 회피하고 싶은 모양이다. 아무리 할 수 있다고 외쳐봐도 마음속에 두려움이 가득하면 시작이 어렵다. 실패가 습관이 되면 어떤 것도 쉽게 시도하지 못하고 금방 포기한다.

작은 습관은 실행의 크기가 작아서 시작의 문턱이 낮다. 쉽게 실행의 성공을 맛보게 한다. 한 번 성공한 경험 뒤에 또다시 하고 싶은 뿌듯한 감정이 올라온다. 뿌듯한 감정은 자주자주 실행하게 하므로 습관이 형성되기 좋은 '반복'을 이어가게 된다. 작은 성공은 자신을 믿게 되는 근거가 된다. '아, 나도 뭐든지 하면 되는 사람'이라는 생각이 자리 잡게 되고 무의식은 조금씩 무기력에서 실행할 수 있는 사람으로 바뀌게 된다. 아주 사소한 일이라도 즐거운 감정의 경험은 뇌에 강한 신호로 잡혀 다음에도 또 하게 만들어준다. 신경과학자 안토니오 다마지오는 감정이 우리의 행동에 중요한 영향을 미치는가에 대해 이렇게 말한다.

"어떤 대상을 좋아하거나, 나쁘다고 여기거나, 무관심하게 만드는 것은 감정이다."

습관을 길들일 때 내가 느끼는 감정을 자세히 들여다봐도 나침판처럼 습관이 잘 되는지 아닌지 정확히 방향을 알 수 있다. 굳어 있던 부정의 감정 패턴을 서서히 녹게 만드는 방법은 작은 행동이다. 작은 습관을 길들이면 습관 뒤에 숨은 감정도 알 수 있고 내가 원하는 습관으로 세팅할 수도 있다.

시작의 두려움이 큰 사람은 쉽게 행동하기가 어렵다. 아무리 좋은 습관을 기르려 해도 실패할까 두려워 시작조차 못 하거나 시작하고도 실패할까 걱정한다.

두려움을 없애고 자기효능감을 가지기 위해서는 아주 작고 쉽게, 또 하고 싶은 작은 전략을 써야 한다. 무기력하고 실패에 무기력한 사람들이라면 작은 습관을 실천해보고 기분을 느껴보라. 뿌듯한지, 두려운지…. 작은 습관은 우리를 '할 수 있게' 자신에 대한 믿음을 가져다주며, 뿌듯한 감정을 만들어준다.

가늘고 길게, 지속하는 힘

"엄마, 나 검도 안 다니면 안 돼?"

진득하게 다니지 못하고 금방 싫증 내는 아이를 보고 부모님은 꼭 나를 닮았다고 우스갯소리를 한다. 어릴 때부터 싫증을 잘 냈던 나는 뭐 하나 시작하면 처음만 신기하고 좋아했지, 어려운 단계에 다다르면 그 과정을 넘기 싫어서 이리저리 피하다가 그만두기 일쑤였다.

"진득하게 뭐 하나를 길게 다녀봐."

친정엄마의 입에 밴 말이다. 오죽하면 초등학교 때, 피아노 학원을 다섯 번이나 옮겼을까. 이런저런 핑계를 대며 관뒀던 나와 달리, 포기하지 않았던 친정엄마 덕분에 끈기 없던 내가 피아노를 업으로 할 수 있었지, 아니었으면 진즉에 연기처럼 사라진 여러 학원 중 하나였을 거다. 인내와 끈기 있는 사람을 보면 어떻게 저렇게 성실하고 끈기가 있을까 항상 궁금했다.

어른이 되어서도 마찬가지였다. 친구들이 좋다 하는 것은 생각하지도 않고 따라 했다가 금방 싫증이 나서 그만뒀다. 다이어트에 성공했다, 영어를 유창하게 한다, 자격증을 땄다 등 열심히, 끈기 있게 이뤄낸 결과물을 보면 괜스레 질투가 나서 조바심이 생겼다. 빨리 변하고 싶은 마음에 맞지도 않는 계획과 목표만 잔뜩 부풀렸다가 시작과 함께 사라졌다. 인내나 끈기 있는 친구를 보면 '저 애는 분명 남다른 아이'라고 짐작했다. 아무나 끈기, 인내심이 생기는 거는 아니라고… 예민한 나는 죽었다 깨어나도 가질 수 없는 것이라고 생각했다.

그랬던 내게 요즘 지인들이 자주 묻는 말이 있다.

"어떻게 그렇게 끈기가 있어요? 대단하다."

"아직도 계단 오르기 하고 있어요?"

"아직도 글 쓰고 있어요?"

"여전히 걷기 운동하세요?"

그런 질문을 받을 때면 기분이 묘하다. 끈기가 없어서 고민이었고 뭐 하나 끝까지 해낸 일들이 없던 나였는데 내가 무언가를 계속 지속하고 있으니 말이다.

별거 아닌 것은 거들떠보지 않았다. 아주 작은 것에 관심을 가지면서 '할 수 있는 내 수준은 아주 작은 것'이라고 생각을 전환하자 끈기의 방법이 생겨났다. 끈기는 사람마다 다르겠지만 계속 가늘더라도 끊임없이 쭉 이어가면 생기는 것이라고 생각한다. 인내심이 없는 사람은 일단 포기하지 않고 지속하는 것이 중요하다. 포기하지 않으려면 목표의 크기가 큰 것보다 작은 것이 성공하기 쉽다. 티가 바로 나지 않는 부분 때문에 조금 지루한 시간을 견뎌야 하는 부분이 있기는 하지만 목표가 커서 티가 나고 며칠 만에 포기하는 것보다 훨씬 낫다. 끈기 없는 사람이라면 아주 작게 목표를 잡고 점 찍듯이 가볍게 이어가는 것이 나만의 끈기 비법이다.

길고 가느다랗게 실행을 이어갔다. 부담되지 않아서 그런지 그림도 그리고, 계단 오르기도 하며, 종이. 전자책도 쓰고, 습관을 함께하는 분들과 모임을 이어가는 여유도 생겼다. 예전 같으면 새로운 일이나 도전에 금방 포기했을 것이다. 지금은 아주 작게 점 찍는 기분으로 이어가는 것에 충분히 만족한다는 것이 기분 좋은 변화다.

SNS로 좋은 습관을 길들이기 위해 노력하는 이웃을 본다. 공언하며 시작하는 목표들이 멋있다. 새벽 기상, 달리기, 확언, 감사일기, 30분 독서, 신문 읽기, 재테크, 마케팅 등등 셀 수 없는 좋은 습관이다. 내게 그 많은 것을 다 하라고 하면 절대 하지 못할 것이다. 거창한 목표들과 많은 습관 개수들이다. 사람마다 에너지도 성향도 의지력도 환경도 다르기 때문에 정답은 없다. 큰 목표나 가짓수 많은 습관을 실천하면 이것저것에 휘둘리다 하나도 제대로 못 하고 그만둘 것임을 나는 안다. 그래서 괜한 에너지를 쓰며 시도하지 않는다. 할 수 있는 습관 목표 중 제일 급하다, 또는 제일 하고 싶은 것 위주의 세네 개를 정해서 아주 작게 이어갈 뿐이다.

내게는 운동이 제일 급하고 중요한 것이었다. 움직이기 싫어하는 것을 고치는 이유도 있었지만. 중년이 되고 나서 몸이 내 의지와 다르게 이상하게 변화하는 것을 보고 적잖이 충격을 받는 일이 생겼다. 무슨 일이 있어도 운동, 건강을 제일 먼저 세우기로 했다. 앞에서도 지겨울 정도로 강조했겠지만, 내 첫 운동의 시작은 복식호흡 3초, 2, 3분이었다. 몸을 비틀고 근육을 찢고 땀이 차는 운동은 처음부터 할수 없었다. 우리는 늘 숨 쉬고 있으니까 숨 쉬면서 긴장 완화, 장기의 순환, 명상이 되는 '숨이나 잘 쉬어 보자.'에서 시작한 행동이다. 작은 행동의 반복은 쉬워서 계속 지속하게 되었다. 3초 2분이 5분으로, 5분을 여러 번으로 그렇게 조금씩 반복해나갔다. 1시간 이상 지속할 생각도 없었다. 그저 건강 0.1을 올리려는 마음에 시작한 행동은 아주 작았지만 연속으로 성공했다. '가늘고 긴' 행동을 이어갔다.

누군가가 이런 말을 했다. "티가 나게 해야죠, 이왕이면 자신을 넘어서서, 전력 질주해야 변화가 있지요."라고 말이다. 맞는 말이기도 하다. 하지만 티가 나고, 나를 넘어서서 실행하기 위해서는 그만큼 에너지가 많이 소모된다. 그럴 에너지가 없어서 내게는 맞지 않았다. 많은 반복과 꾸준한 실행 끝에 다음 단계로 이어갈 수 있다. 만약 처음 습관을 시작해서 끈기를 길러가는 사람이라면 큰 목표로 티가 나는 것보다, 체력이 약하고 끈기가 없어서 '끈기 있는 사람'이 될 수 있는 아주 쉽고, 가늘게 자주, 반복할 것을 권한다.

나는 여전히 운동으로 호흡만 하고 있을까? 지금은 아주 작은 습관 덕분에 자주 '끈기 있는 사람'이라는 말을 들을 정도로 꾸준하게 운동을 한다. 아침, 저녁으로 스트레칭 20분, 계단 오르기 외에 하루 마무리로 걷기 1시간을 매일 하고 있다. 자잘한 움직임의 점들을 잇다 보니 이제는 몸을 뒤틀고 근육을 쓰는 일이 더 이상 귀찮거나 두렵지 않다.

끊임없이 지속하는 힘은 포기하지 않고 자신이 원하는 곳에 계속 초점을 맞춰 이어가는 것이다. 포기 잘하고 체력이 약하다고 끝까지 지속할 수 없는 것은 아니다. 그저 자신이 할 수 있는 습관 목표 중 제일 중요하고 급한 것, 제일 하고 싶은 것 위주의 세네 개를 정해서 아주 작게 실행해보자. 단순하게 아주 작은 몇 가지 습관만 이어가면 된다. 시작한 행동은 아주 작지만, 연속으로 성공하다 보면 '가늘고 긴' 습관이 되어갈 것이다.

오늘도 2분, 타이머를 누르고 자신에게 맞는 가느다란 습관의 실타래를 한 바퀴 굴려보면 어떨까?

회복 탄력성이 생기다니!

    드라마 주인공들을 보면 어쩌면 하나 같이 그리 강인할까? 칠전팔기는 물론이고 그 이상도 절대 포기하지 않게 보인다. 몇 년 흘렀지만 아직도 기억나는 드라마, 〈이태원 클라쓰〉에 나온 내용 중 강한 인상을 남겼던 가사 하나가 있다.

> "쓰러지고 떨어져도 다시 일어나 오를 뿐야 / 깎일수록 깨질수록 더욱 세지고 강해지는 돌덩이"
>
> – 〈돌덩이〉

    어떤 어려움과 역경이 있어도 주저앉지 않고 다시 일어나 더 강해진다는 내용에 대리 만족하는 듯 짜릿했다. 만약 내가 주인공이었다면 저렇게 다시 일어나고 다시 일어나서 강해질 수 있었을까? 어려움이 다가오기도 전에 두려움과 걱정에 포기하기로 마음먹었을 것이 뻔하다. 역경을 강인하게 이겨내고 다시 높이 뛰어오르는 주인공의 마음이 우리가 알고 있는 '회복 탄력성'이 아닐까 싶다. 크고 작은 역경, 시련, 실패를 겪으면서 누군가는 아예 주저앉아 버리고, 누군가는 실패를 바탕으로 다시 튕겨 올라, 자신의 있던 위치보다 더 높게 올라간다. 나는 드라마 주인공과 달리 실패 앞에 미리 주저앉아 버리는 유형이었다. 저렇게 강인한 마음은 아무나 갖지 못하는 것이라며, 특별하고 성공할 수밖에 없는 사람만 갖는 마음의 힘이라고 생각했다.

유리멘탈이라 내가 제일 피하고 싶은 것이 경쟁이며 도전이다. 질 것이 뻔한, 해도 안 된다는 마음가짐이 가득 차 있었기 때문에 경쟁이나 어떤 일에 대해 도전하고 싶지 않았다. 실패의 두려움도 컸다. 사람들을 의식했고, 실패하면 또다시 내게 실망하고 책망하기 때문에 그런 원인을 만들고 싶지 않았다. 지금 생각해보니 피아노 강사 시절 가르치던 아이가 생각난다.

어린 나이임에도 다부졌던 아이는 내가 가르쳐준 것보다 더 많은 것을 미리 연습해오는 의욕을 보였다. 새로운 곡을 받을 때마다 아이는 피아노에 엎드려 울곤 했다. 어려운 곡이 안 되면 자기 자신에게 성질이나 부루퉁한 얼굴로 눈물을 뚝뚝 흘리며 피아노 앞에 한참을 앉아 있었다. 다른 아이 같으면 한 번쯤 "피아노 학원 다니지 않을래." 하고 엄마에게 투정을 부렸을 텐데, 아이는 전혀 그런 내색을 보이지 않았다. 오히려 울고 가는 뒷날에는 고쳐오라는 것을 반드시 고쳐서 곡을 완성해왔다. 그때 '아, 이 아이는 뭔가를 해도 잘 될 것 같다.'라고 생각했다. 어린 시절, 피아노 선생님께 연습을 지적받은 것이 기분 나빠 엄마에게 학원 끊어달라고 떼를 썼던 나와는 확연히 달랐다.

상처받고 실패하여 역경을 저 밑까지 파고드는 사람도 있겠지만, 이왕이면 드라마 주인공이나 내가 가르쳤던 다부진 아이처럼 실패를 발판 삼아 다시 튀어오르는 사람이 될 수 있다면 뭐든 해낼 수 있다는 자신감이 생겼을지도 모른다. 그러기에는 나에게는 너무 많은 실패와 포기의 증거들이 많았다. 실수 하나 하면 몇 날을 되짚어보고 속으로 많은 수치심을 끌어올렸던 나였으니까… 연주회 때, 만족스럽지 못한 연주를 한 당일 찍은 사진 속 내 얼굴은 내일 죽음을 앞둔 사람처럼 괴로움이 묻어나 있다. 지나 보면 별일 아닌 것을 자책하고 나무랐다. 다시는 연주 따위는 하지 않을 거라고 다짐했던 기억이 난다.

나와 판박이인 딸 역시 싫증을 잘 낸다. 재미있어 잘 다니던 학원도 어려운 단계를 넘어서지 못하거나 어떤 이유로 친구에게 상처받았을 때, 말도 안 되는 트집을 잡아 그만두고 싶어 한다. 유전적으로 닮은 것도 있겠고, 살아가면서 끈기 있게 무언가를 한 적이 없는 엄마를 보면서 자연스럽게 아이도 실패를 받아들이며 다시 도전하는 마음을 못 배웠을 것이다.

　격정, 두려움이 많고 몸을 움직여 실행하는 것을 극도로 싫어했다. 지금은 제법 '도전'이라는 것을 즐기고 있다(작은 습관을 실천하면서 도전하고 실패했던 것들이 살아가면서 도전한 것들보다 훨씬 더 많다). 뭐든다 성공한다는 마음보다, 실패도 두렵지 않고, 그대로 받아들이며 다시 또 실행할 수 있는 마음이 생겨났다. 실패하거나 쓴소리를 들으면당시에는 기분이 나빠 그만두고 싶은 감정이 솟아오르지만, 더 이상뒤로 숨지 않고 다시 그 자리에서 시작할 수 있다.

　조금씩 내게도 회복 탄력성이 생기기 시작한 것이다. 그 불씨가된 것은 아주 작은 습관의 실행과 함께 생겨난 작은 자신감이 생긴이후였다. 《회복 탄력성》 책에서 감사하기, 운동하기 같은 습관을 길들이면 회복 탄력성이 향상된다고 알려준다. 나는 작은 습관을 통해감사와 운동을 서서히 길들였기 때문이라고 자신한다.

　매일 아침, 저녁 두세 줄의 감사한 점을 일기로 적고, 감사한 마음으로 "감사합니다" 말을 되풀이했다. 돈이 드는 것도 아니고 많은시간이 드는 일도 아니라 쉽게 할 수 있었다. 아주 작고 사소한 움직임으로 호흡하고, 스트레칭하며 서서히 행동의 범위를 넓혀갔다. 그러자 어느 순간 '귀찮음'이 조금씩 사라지게 되었다. 아주 쉬운 감사,운동이라는 행동을 조금씩 지속하다 보니 신기한 점이 생겼다. 예전 같으면 백 번 도망가고 회피할 상황에서 몇 번은 앞으로 나아가고 있다는 것이다. 누구에게는 보이지도 티가 나지도 않을 작은 것이지만 나는 안다. 예전의 나보다 더욱 용기가 생겼으며 어떤 어려움에서도 남 탓, 자책하지 않고 다시 일어나 아주 조금씩 앞으로 전진하고 있다는 것을.

밑바닥으로 떨어졌다고 생각이 들 때, 드라마 주인공처럼 강인한 인내와 불굴의 의지를 사용하지 않아도 된다. 아주 작은 습관의 자신감은 작은 도전의 시도를 낯설지 않게 만들어준다. 그것이 설령 하찮게 보이는 도전이라 할지라도 도전을 피했던 우리에게는 값진 가치가 있다. 매 순간 몇 번의 움직임과 감사는 부정적이고 나약했던 우리를 어제보다 아주 조금 단단하게 만들어줄 것이다. 어떤 결과가 나온다 해도 회피하지 않고 실패에 대한 두려움을 조금씩 마주 보게 해줄 것이다. 도망가지 않고 그 자리에 서서, 아주 작게 발가락 하나를 앞으로 내밀어 전진하는 그 힘으로 조금씩 다시 튕겨나올 것이다.

습관을 길들이면 진정으로 얻는 것들

"삶에서 가장 중요한 것은 진정한 자기 자신이 되도록 스스로를 허락해 주는 것뿐이다."

– 《나로 살아가는 기쁨》

하늘거리는 쉬폰 원피스를 입은 아가씨가 다가왔다.

"언니"

"아니, 은미니?"

두 눈을 동생에게서 뗄 수 없었다. 코로나로 정신없던 몇 년 사이 몰라보게 달라진 그녀, 무슨 일이 있었던 걸까? 몇 개월 만에 살을 뺐다고 한다. 치아 교정을 하면서 음식을 잘 못 씹게 되자 '이참에 먹는 양을 줄여보자.' 결심했단다.

"언니, 나 10kg이나 감량했어. 살이 빠지니 자신감도 생겨서 살찌고 싶지 않더라고. 그래서 등산하고 달리기를 시작했어."

운동과 음식조절을 하면서 요요현상을 겪지 않고 있다며 자랑스러워했다. 원래부터 타고난 건강 체질의 동생은 달리기 시작하면서 에너지가 더 넘치는 것처럼 보였다.

"나는 요즘 계단 오르기 하고 있어."

"언니, 계단 몇 층, 몇 분 오르는데?"

"어? 7층 보통 2, 3번."

"아이고, 언니 그래서 건강해졌어? 운동이 되려면 나처럼 좀 걷고 뛰고 땀이 나야지. 일단 땀이 나야 해."

생기 넘치고 건강해진 동생을 보면 당장이라도 러너가 되어야 건강을 유지할 것이라는 생각이 든다. 땀이 나도록 뛰고 오르고 싶지만 걷는 것도 일정치 않은데 당장 달리기를 습관으로 만들 수는 없는 일이다. 몇 번 정도 몇 미터 뛸 수는 있겠지만 습관으로 만들기에는 아직 마음의 준비가 되지 않았다. 최근에 겪고 있는 증상들로 인해 강도 있는 운동을 해야 하나 고민이 들었던 건 사실이다. 하지만 당장 달리기를 할까 묻는다면 '나중에'라고 뒤로 미루고 싶어진다. 그저 동생의 변한 모습이 좋아, 따라 하고 싶은 마음이 생긴 건지도 모른다. 내가 왜 뛰고 싶은지, 진정 내가 원하는 것인지, 동생이 하는 것이 좋아 보여서 채워 넣는 습관이 아닌지를 잘 생각해보고 나중에 시도해볼 생각이다.

어느 날, 작은 습관을 길들였을 때 재미있었던 행동이 점점 변해 가는 것을 느꼈다. 욕심이 생겨났기 때문이다. 분명 거창한 습관을 길들이면서 실패한 경험이 다분한데, 또다시 목표를 티 나게 늘리며 쌓아가고 있었다. 그뿐인가. SNS상의 이웃이 하는 습관을 보면 나도 '반드시 해야 하는 습관'으로 세뇌시켰다. 작고 가볍게 실행하고 비워둔 마음의 여유와 시간에 하나둘씩 습관을 채워 넣기 시작했다.

보통의 경우, 세네 개의 습관이 무의식이 될 때까지 열심히 굴리기만 하면 되는데, 마음에도 없는 습관을 넣어갔다. 다른 사람들의 습관이 더 멋져 보여 슬그머니 따라 집어넣기 시작했다. 내게 진정 필요한 습관은 아니지만 다른 사람이 하는 것을 보니 중요한 습관 같았기 때문이다. 이것저것 늘려간 습관은, 특히 시간이 없을 때는 실행하는 것도 벅찼다. 말만 아주 작은 습관이었지 결코 작은 습관이 아니었다. 분명 내가 건강하고 행복해지기 위해 선택한 습관인데, 어느샌가 누군가를 따라 하며 비교하고 자책하는 나를 발견할 때의 실망감이란….

어차피 그들과 나는 상황도 환경도 그 어떤 것도 똑같을 수 없는데 말이다. 마구 채워 넣는 것이 아니라 딱 내게 맞는 습관을 찾아 꾸준히 지속할 수 있어야 했다. 작은 습관은 쉬워서 여러 개의 습관을 즉시 실행할 수 있다. 하지만 이것이 장점이자 단점이 될 수 있다. 개수가 너무 많아지면 성과가 더디게 되고 에너지가 여러 곳으로 분산된다.

자기 계발 전문가인 마크 레클라우의 말에 의하면 우리의 에너지는 목표와 행복을 향해 더 빨리 나아가도록 힘을 실어주는 게 중요하기에, 에너지를 소모하는 행위를 그만둘 것을 강조한다. 아무리 좋은 습관도 가짓수가 많거나 자신에게 필요하지 않는 것에 관심을 두는 것 역시 에너지를 낭비하는 일이다. 쉽다고 계속 늘리다 보면 진짜 원했던 중요한 습관에 소홀해지는 경우도 생겨 중심 습관에 틈이 생길 수도 있다.

작은 습관을 어느 정도 지속했을 때, 쉽고 빠르게 실행할 수 있어서 다른 습관을 동시에 여러 개 만들기 시작한 적이 있었다. 처음에는 성공이 신나서 개수가 많은 습관 목표에도 아랑곳하지 않고 정성을 기울였다. 어느 정도 시간이 기간이 지나니 이변이 생겨났다. 제일 힘들거나 생소한 실행을 하루, 이틀 빼먹어버렸다. 그렇게 하다 보니 다른 문제도 생겼다. 원래 잘 지속했던 기존 습관까지 흔들렸다. 6년 동안 지속해온 작은 습관 중 사라진 습관도 많다. 영어 회화, 아이와의 책 읽기, 하브루타 질문, 비우기 습관, 밀가루 끊기 등등이 셀 수 없이 있다.

그렇게 사라진 습관이 아쉽기도 하지만 어떻게 생각하면 내게 맞는 습관이 아니었을지 모른다는 생각이 든다. 남들이 좋다고 하니까 시작되었다가 거부감이 들고, 하기 싫은 마음이 들어서 서서히 사라진 습관이다. 가볍게 시작된 습관이라 할지라도 말이다. 아무리 좋다 하더라도 자신에게 맞는 습관을 길들이고 찾는 것이 중요함을 깨달았다. 지금은 내게 맞는 습관 중 독서, 쓰기, 건강, 그림 정도만 남아서 나를 행복하고 건강하도록 도와주고 있다.

영어를 잘하고 싶은 지인은 늘 말한다. "영어만 잘하면 자신감 있게 살 것 같다." 그러면서 "자신을 무시하는 사람들의 코를 납작하게 만들어주고 싶다."고 했다. 내 생각에도 영어를 잘하는 사람을 보면 뭔가 달라 보이고 멋지게 느껴지긴 한다. 하지만 영어를 못하는 지인 역시 영어를 잘하든 못하든 충분히 멋진 사람인데 자신감이 없는 모습이 안타까웠다. 영어를 잘하고 싶다는 간절한 마음만큼 꾸준히 실행했으면 좋았을 텐데, 그러지 못했다. 그러고는 습관처럼 영어를 잘하고 싶다고 말했다.

남에게 초점이 되어 시작된 습관은 어떤 원인에 의해 흔들리기 쉽다. 작은 습관을 실행하면 여러 가지 작은 습관 속에서 진짜로 자신에게 맞는 습관만 남게 된다. 나만의, 나다운 습관이 되면, 원하지 않거나 타인에 의해 시작된 습관은 어느새 사라진다. 많던 습관이 걸어지고 비로소 내게 맞는 습관만 남는다. 습관의 목표가 작아서 점만 찍으면 되는 간단한 행동이지만 그 작은 행위도 어느 순간, 관심사에서 사라져 흐지부지될 때도 있다. 내게 맞지 않는 습관이었기 때문에 사라졌을 것이다.

그림 그리고, 글 쓰며, 계단 오르고, 책 읽는 사람… 진정 그것이

나란 사람이다. 애쓰지 않고 그저 오늘의 작은 습관을 즐겁게 실행할 뿐이다. 습관을 길들이다 보면 알게 되는 것이 있다. 습관의 반복으로 만들어지는 내 정체성과 함께 자신에 대한 믿음이 생기면 진정한 자신을 찾을 수 있다는 것이다. 모바일 마케팅 선두주자 제롬은 "진정한 자신을 찾고 스스로를 신뢰하면 답을 알게 된다."라고 언급한다. 아주 작은 습관이야말로 진정한 나를 찾고 스스로를 신뢰하게 만들어준다.

많은 사람들이 성공한 사람들을 따라 습관을 실천한다. 너도나도 좋다는 습관을 쇼핑하듯 담아서 무작위로 실천한다. 그러다 포기한다. 그들의 성공담을 참고할 수 있지만 그들과 똑같을 수는 없다. 자신에게 맞는 전략을 써서 길들여야 한다. 시간도 없고, 체력이 바닥인 사람, 부정적인 생각에 가득 차서 아무것도 할 수 없는 사람, 이것저것 다 하고 싶지만 현실과 간극이 커서 자책만 하는 사람이라면 더욱 남이 아닌 자신이 초점이 되어 시작해야 한다.

자신에 대한 기대를 잠시 접어 두고, 아주 작고 쉽게, 할 수 있는 가벼움으로 시작하면 된다. 남에게 보여지는 습관 말고, 진정 내가 원하는 습관을 길들여보자. 거창한 목표를 성공한 사람이 아닌 오직 내게 맞는 습관만 남아 자신의 오늘을 단단하게 만들어줄 것이다.

chapter 4

공들여 만든 습관, 꾸준히 유지하는 법

공들여 만든 습관, 사라지고 있다면?

"여태껏 잘 길들여 와서 습관을 잘 이어갈 줄 알았는데, 다시 또 이전으로 되돌아가는 느낌을 받았어요. 겨우 자리 잡았다 생각했는데 다시 되돌아 제자리에 머무는 것 같아 허무하네요."

아주 작은 습관 프로젝트를 같이 하는 멤버의 고민이다. 공들여 길들인 습관이 어느 날 자신도 모르게 다시 예전의 모습으로 돌아간다면? 그것만큼 아깝고 안타까운 일은 없을 것이다. 사라진 습관이 안타까워, 자신에게 화살을 돌리며 '나는 역시 안 되는 사람'이라고 자책하기도 한다. 습관을 오랫동안 길들여 왔다고 자신하는 사람들도 다시 습관 이전의 행동으로 돌아가는 경우를 많이 봐왔다. 그런 사람 중 하나가 나였다. "나 이렇게 멋지게 변했소~" 하고 자랑스럽게 이야기하는 순간, 와르르 무너지는 습관도 있었다.

아는 동생과 비움 습관을 실천할 때가 있었다. 비우면서 운도 바뀐다고 하니 딱 좋을 것 같았다. 가볍게 1일 1비움을 실천했다. 공간이 비워지는 것을 보니 처음에는 마음이 뻥 뚫리는 것 같아 기분이 상쾌했다. 점점 시간이 흐르자, 어지르고 사 모으는 아이의 물건과 쌓여가는 새로운 물건의 속도를 이기지 못하고 원래대로의 모습으로 변해갔다. 물건을 버리지 못하고 챙겨놓기 시작했다. 욕심이 많아, 비우고 내려놓는 것을 못 하는 것도 한몫했다.

작은 습관을 계속 실천하더라도 꾸준히 유지하기 위해서는 특별한 어떤 신호나 장치를 만들어놓아야 한다. 그렇지 않으면 예전으로 돌아가는 것은 순식간이다. 사진인증을 찍고, 사람들과 함께하며, 비움에 관한 책을 읽어도 작은 비움보다 더 빠른 속도로 불어나는 물건을 감당할 수 없었다. 예전의 물건 사기 좋아하고 모으는 것을 좋아하는 나로 돌아가버렸다.

오랫동안 아주 작게 길들이고 있는 운동 습관은 어떠한가. 복식호흡, 국민체조, 스트레칭, 요가 등을 거쳐 게으른 몸을 조금 익숙하게 만들었지만, 변화의 티가 보이지 않는다. 결과물이 더디게 오다 보니 또 다른 습관을 새로 넣어, 기존의 습관을 미루어놓았다. 서서히 습관을 건너뛰고 있음을 감지하지 못했다.

확신하며 길들여갔던 몇몇의 습관들이 소리 소문 없이 사라졌다. "습관이 지금까지 잘 이어져 오고 있어요." 자신했던 습관이 하나둘, 줄어들거나 사라졌다. 습관은 시작도 중요하지만 끝까지 유지하는 것이 어느 것보다 중요하다는 것을 느꼈다.

어떻게 해야 공들인 습관이 사라지지 않고 유지할 수 있을까? 공개적인 힘을 빌리면 가능하다. 가령, 온라인 플랫폼을 통해 공개적으로 자신의 습관 상황을 기록할 수 있겠다. "함께 있으면 발전하는 사람과 어울려라."라는 세네카의 말처럼 내 습관에 성장을 돕고 영향을 주고받는 사람들과 함께하는 것도 방법이다.

'함께'는 에너지를 함께 모을 수 있어 좋다. 습관을 길들일 때, 혼자 해야 한다, 여럿이 해야 한다의 답은 없다. 혼자서 잘 이어올 자신과 장치가 있으면 혼자여도 상관없다. 나도 처음 습관을 길들일 때 혼자 했다. 하지만 사람들이 보지 않는 환경에 있다 보면 나도 모르게 자신에 대해 무한하게 관대해져서 미루기를 허용할 때가 많았다. 그러다 시도하지 못한 날이 많아지면서 꾸준히 지속하기 힘들어지고 결국 습관은 형성되지 못하고 끝나버린다.

그런 나를 알았던 지라 《습관의 재발견》을 읽고 나서 바로 블로그에 공개적으로 '물 마시기 프로젝트'의 한 달 피드백을 기록했다. 그렇게 하지 않으면 '미루기'로 습관을 만들지 못할 게 뻔했기 때문이다.

"혼자서 습관을 잘 할 수 있을 것 같아요."

자신 있게 말하는 멤버에게 응원과 함께 꼭 당부를 했다.

"공개기록을 남기는 것만큼 좋은 것도 없습니다. 꼭 기록하세요."

혹시 혼자서 습관을 길들이는 사람이 있다면 꼭 공개기록을 남겨보라. 게으름 피우지 않도록 도와주고 꾸준히 유지하도록 도와준다. 또한 기록을 올리면 사람들이 궁금해서 묻기도 하고, 관심을 갖기 때문에 우리 자신이 더 열심히 습관에 대해 공부하고 실천한다. 혹시 함께하는 것이 부담스러운 성향이라면, 혼자서 하되 꼭 누군가가 보고 있다는 느낌의 관종 효과를 볼 수 있는 공개기록으로 습관을 유지할 수 있다.

어느 정도 습관이 길들어졌으면 자신이 주체가 되어 누군가와 함께 만들어가는 것도 도움이 된다. 공개적으로 기록해보겠다던 멤버는 몇 날을 진짜 열심히 하고 그 이후 가정에 작고 큰 문제들로 인해 흐지부지되었다. 혼자서 습관을 유지하는 것도 좋지만 누군가와 함께하는 것은 사라지려는 습관도 다시 붙잡을 만큼 강력하다.

습관을 처음 실행할 때보다 더 중요한 것은 끈기 있게 지속하며 관리하는 부분이다. 나도 그랬고, 많은 멤버들이 처음 시도할 때의 습관은 쉬워 실행을 잘 이어오다가 정체기를 맞는다. 어느 순간 똑같은 행동에 지루해지면서 시들해지는 단계이다. 그때 많은 사람들이 의문을 품게 된다. '습관이 잘되고 있나?' 티도 나지 않는 습관에 회의를 갖게 되면서 한 번 빈틈을 주다가, 두 번으로, 두 번이 여러 번이 되면서 습관이 사라지기도 한다.

그렇게 되기 전에 서로 힘을 보태주고 '함께' 피드백을 주고받으며 다시 앞으로 전진할 수 있다. 함께하는 것이 부담되거나 여의지 않는 사람이라면, 스스로 습관에 대한 피드백을 꾸준히 올려보자. 0.1퍼센트의 발전을 생각하며 자잘한 도전을 즐겨서 지루한 단계를 잘 관리하는 것도 좋은 방법이다.

매일 우리의 일상이 축제 같을 수는 없다. 똑같은 일상, 똑같은 습관을 길들이고 살아오면서 지루한 것들을 조금 더 기쁘고, 흥미롭게, 나답게 유지하고 관리하는 것이 습관을 유지하는 비결일지도 모른다.

뜬금없지만 어느 옛 화장품 광고에서 그랬던가.

"화장은 하는 것보다 지우는 것이 중요해요."

나는 이렇게 말하고 싶다.

"습관은 실행하는 것도 중요하지만 유지하는 것이 더 중요해요."

라고….

습관의 시작은 가볍고, 작게! 다음은 관리와 유지! 공개적으로든, 여럿이 힘을 보태든 피드백을 주고받으며 관리, 유지에 힘써야 한다. 그래야 공들여 쌓아 올린 습관이 무너지지 않는다.

자꾸만 생겨나는 의심과 불신

'분명 21일 정도면 습관이 어느 정도 자리잡히기 시작한다고 했는데?'

21일도 길게 느껴졌던 나는 항상 작심삼일에 끝났다. 21일이란 기간을 미지의 섬처럼 동경하게 되었다. 21일, 30일, 100일이 지나면 습관이 형성되어 있다고 여러 책에서도 언급하고 있다. 몇십 년 살아오면서 쌓은 습관이 몇십 일 안에 습관이 될 수 있을까 의구심이 들다가도, 간혹 책이나 뉴스로 인생이 변화한 사람들을 보면 가능한 것 같다(내가 좋아하는 책 《미라클 모닝》, 《백만장자 메신저》, 《아주 작은 습관의 힘》 책의 저자를 보더라도 인생의 전환기를 통해 달라진 것을 보면). 세상이 바뀔 충격적인 개인적인 문제를 겪거나 죽을 만큼의 고통에서 깨달음이 올 때, 인생이 위태로울 만큼 절실할 때 또는 엄청난 의지를 가지고 자신을 끌어 올렸을 때, 눈에 띄는 변화를 하기도 한다.

2015년, 처음 작은 습관을 실행했을 때 21일을 거뜬히 넘기고 한 달을 꾸준히 채웠다. 물 한 잔 마시지 않던 내가 두 잔이나 한 달 동안 마셨다는 것에 놀라지 않을 수 없었다. 전략을 바꾸면 누구나 실행할 수 있다는 자신감까지 생겼다. 21일 동안 꾸준히 했더니 '할 수 있다'는 자신감이 생기고, 자신을 믿는 힘이 생긴 최초의 변화다. 그렇다고 인생이 거창하게 바뀌거나 건강이 180도로 바뀐 것은 아니었다. 그래도 잃어버렸던 자신감을 찾았던 것만으로도 큰 변화의 시작이지 싶다.

그러나 그것도 잠깐… 자신감이 생기자, 그동안 하지 못했던 목표들을 끄집어내기 시작했다. 참고 있었던 목표를 하나, 둘 늘려갔다. 글도 쓰고 싶고, 책도 몇백 권 읽고 싶었다. 운동해서 근육도 늘리고 싶고, 아이에게 화내지 않는 따스한 엄마가 되고 싶었다. 서서히 늘어난 작은 습관은 감당할 수 없을 만큼 여러 개로 늘어났다. 종류가 많아진 대신 빠지는 날도 점점 늘어갔다.

어느 날, 소리 소문 없이 습관이 사라졌다. 여러 번 작은 습관을 집어넣고, 빼면서 내게 맞는 습관만 골라 꾸준히 조절하게 되었다. 운이 좋았는지 실천 경험을 바탕으로 《인생을 바꾸는 아주 작은 습관》 책을 내게 되었다. 아주 작은 습관 덕분에 얻은 최고의 성과였다.

책을 내고 나니, 빠른 성과를 사람들에게 보여주고 싶은 마음에 목표를 거대하게 정했다. '이 정도 목표가 되어야 사람들에게 모범이 되지.' 혼자만의 기준을 올리고 있었다. 습관 종류도 계속 늘어났다. 명상, 호흡, 스트레칭, 물 마시기, 기록, 독서 여러 권, 감사일기, 성공일기, 칭찬일기, 질문하기 등등 자잘한 습관을 뭘 해야 하는지 기억조차 하지 못할 정도였다.

새로운 습관을 추가하는 바람에 이것도 저것도 만족스럽지 못한 결과를 가져왔다. 그로 인해 만족감이 점점 사라지면서 회의감까지 들기 시작했다. 잘하고 있는 것인지 의구심이 솟아올랐다. 자신에 대한 믿음에 다시 의심이 드는 순간이었다. 빨리 잘하고 싶은 욕심 때문이다.

작은 습관은 실행이 쉽지만 꾸준히 유지하는 면에서 문득 의문이 들 때가 있다. 실제로 오래 지속하는 면에서, 더딘 성과에 지쳐 그만두는 사람도 많다. 운동 습관을 길들이기로 한 사람이 있다 치자. 운동을 한 번도 하지 않은 사람이 운동 습관을 꾸준히 길들이려면 어떻게 할까? 강도 있는 운동을 처음부터 하다가는 습관이 되기 전에 실패할 것이 뻔하다.

매일 할 수 없으니 아주 작은 목표를 써보기로 했다고 치자. 목표는 작아 매일 성공하지만 몸의 변화는 더디다. 스트레칭 몇 분의 습관은 꾸준히 성공할지 몰라도 근육이 당장 생겨나는 것이 아니기 때문이다. 근육을 늘릴 정도로 하려면, 강도 있는 운동을 긴 시간 동안 해야 한다. 2~3분의 동작으로는 있을 수 없는 일이다. 근육을 키우며 운동 습관을 만들기 위해서는 작은 습관을 끊임없이 '자주' 반복,

초과 달성해야 한다. 뇌가 부담되지 않는 대신 습관을 형성시키고 지속하는 데에는 많은 시간이 걸린다.

그런 면에서 아주 작은 습관은 쉽고 지속이 가능하나 형성 기간이 길다는 점에서 많이 지친다. 그러면 내가 하고 있는 습관을 계속해야 하나, 의문이 든다. '나 이게 잘하는 게 맞나?' '언제까지 반복해야 습관이 될까' 의문점이 생겨난다. 그리고는 의문을 없애려 새로운 습관을 집어넣으면서 실패하기도 한다.

습관은 마라톤 같다. 자신의 페이스대로 하되 처음부터 내달리면 끝까지 못 가고 지쳐버리는 장거리 마라톤 같다. 조금씩 천천히 뛰어가야 한다. 물 마시기는 쉽게 습관이 잡혔는데 운동은 지독히도 습관으로 자리 잡는 데 오랜 시간이 걸렸고 지금도 진행 중이다. 3분 복식호흡에서 시작해서 요가까지 범위를 넓혀갔지만 21일, 100일, 1년, 3년, 5년이 지나도 여전히 움직이는 것이 무의식처럼 자연스럽지 않다. 건강한 성인이 1시간 요가하고, 달리기할 때 나는 국민체조, 스트레칭 몇 분 등도 귀찮아했다. 몇 분이 내게는 최선이었고 덕분에 가소롭게라도 실행할 수 있었다. 그러다 보니 제대로 된 운동을 하기까지 시간이 많이 걸렸다. 성과도 효과도 제일 더디게 나왔다.

그럴 때마다 의심이 불쑥 올라왔다. '나 이렇게 하는 게 제대로 하는 것 맞을까? 고통이 따르더라도 나를 넘어서서 이겨내야 하는 것은 아닐까. 30분 정도 땀이 나게 하고 무거운 것을 들고 근육을 키워가야 하는데 가소롭게 3분 스트레칭이나 하고 있으니….' 그래도 내가 할 수 있는 일은 그저 작은 목표를 반복하는 것이었다.

지루하고 의심 많은 시간이 조금씩 흐르자 가랑비에 옷 젖듯 자잘한 운동이 이어졌다. 매일 복식호흡만 하다가 스트레칭, 팔굽혀 펴기 등에서 조금 지루해질 즈음에 요가를 했고, 다시 지루해질 즈음에 계단 오르기, 걷기를 자연스럽게 붙여서 했다. 긴 예열 시간이 끝나고 쿠키를 구울 본격적인 시간처럼 나는 긴 예열의 반복을 끝내고 다음 단계로 부담스럽지 않게 올라가게 되었다. 할 수 있는 것은 오직 '작은 습관'이었다. 작은 습관의 이음이 나를 아주 작게 성장시켜줬다. 지금도 가끔은 잘하고 있나 의심이 들 때가 있다. 그럴 때마다 그저 작게 실행할 뿐이다. 일단 오늘의 습관을 하고 의심을 조금씩 줄여갈 뿐이다.

습관은 매일 반복적으로 지속하는 행동이다. 반복은 우리에게 그다지 즐거움을 주지 않는다. 익숙한 만큼 지루해지기 때문이다. 명상 강사 데이비드 케인은 '편할 때만 명상하는 사람이 되지 말 것'을 강조했다. 기분이 좋을 때만, 뭔가를 하는 것이 아니라 우리는 기분이 좋지 않을 때도 지루할 때도 그것을 묵묵히 해내는 것이 중요하다. 습관도 마찬가지로 지루하더라도 묵묵히 해나가다 보면 우리가 원하는 습관을 만들 수 있다. 성과나 생산성이 있으려면 무엇이든지 꾸준히, 매일 해나가는 힘이 필요하다. 설령 아주 작은 행동이라 당장에 성과나 효과가 나오지 않는다 하더라도, 내가 잘하고 있는지 의심이 들더라도 우리는 묵묵히 반복하고 지속할 필요가 있다.

스티븐 기즈도 이런 말을 했다. "작은 습관을 실천하는 동안에는 침착한 마음가짐과 신뢰를 유지해야 한다." 저자의 말처럼 우리는 작은 습관을 길들이면서 생겨나는 의심, 불신을 '잘하고 있다'고 격려해야 한다. 화분에 심은 씨앗이 잘 자라고 있는지 궁금해서 하루 걸러 씨앗을 파헤쳐보는 일만큼 어리석은 일은 없다. 그저 오늘의 아주 작은 습관을 작게, 실행하고 지속해나가자. '나 잘하고 있는 것이 맞을까?'라는 의구심이 사라지는 날이 분명 올 것이다.

SNS 인증하기 위한 습관인가?
나를 위한 습관인가?

"다른 사람의 시선이나 커뮤니티에서 받는 평가가 신경 쓰이는 것은 어쨌든 인간의 본능에 가까운 것이다. … 의식적으로 받아들여서 이용하면 절대적인 힘을 발휘한다."

– 《나는 습관을 조금 바꾸기로 했다》

코로나 이후 우리 삶은 확실히 달라졌다. 외부 활동보다는 집에서, 실내에서의 활동으로 바뀌면서 혼자서 하는 일의 종류와 활동량이 늘어갔다. 일명 방구석 생활이 시작된 것이다.

사람과의 대면이 어려워지다 보니 어떤 방법을 써서라도 자신을 알리거나 교류를 이어갔다. 우리나라 사람들은 카톡이라는 SNS를 제일 많이 사용한다. 대화는 물론, 다양한 모임을 활용할 수 있고 정보와 사업까지 이어질 수 있다는 것이 큰 장점이다. 다양한 습관, 공부, 모임 등과 같은 것을 카톡으로 쉽게 인증하고 사용한다. 지금은 카톡뿐만 아니라 영상을 시청하거나 따로 프로젝트를 이어갈 수 있는 플랫폼, 앱들이 많이 생겨나고 있다.

아주 작은 습관을 시작할 무렵, 미라클 모닝 붐이 일었다. 미라클 모닝이라는 말이 나오기 전에는 '아침형 인간'이라는 말을 썼지만 미라클 모닝만큼 여전히 인기 있는 것도 없을 것이다. 그때 나도 아는 지인을 통해 카페인증, 밴드, 블로그, 카톡을 이용해 미라클 모닝을 습관화하고자 고군분투했던 기억이 난다. 습관화할 때 혼자보다는 공개 선언, 카톡 같은 인증을 통해 장치를 만들어놓으면 쉽게 포기하려는 마음을 일으켜 세워주기도 한다. 자신뿐 아니라 타인의 기상 시간을 엿보며 동기부여를 받을 수 있다. 나도 처음 미라클 모닝 할 때, 그렇게 신나고 의욕적일 수가 없었다. 시간이 조금씩 흐르자 문제가 점점 생겨나기 시작했다.

"카톡!"

떠지지 않는 눈을 억지로 뜨고 핸드폰을 보니 새벽 3시다. 어느 회원이 새벽 3시에 일어나 공부하는 사진을 인증해서 올렸다. 그러더니 다음 날에 또 다른 회원이 새벽 4시에, 4시 반에 일어나 인증을 올렸다. 시간이 나오는 앱 사진을 올리면서 얼마나 일찍 일어나는지 숫자에 민감해지기 시작했다. 동기부여도 잠시, 점점 경쟁심이 달아올라 나도 질세라 새벽 4시에 일어나기 시작했다. 실눈을 떠서 겨우 일어났지만, 늦잠 자고 일찍 일어나다 보니 컨디션은 꽝이었다. 찌뿌둥한 독서를 했다. 인증하기 위해 겨우 눈을 떠서 그런지 일찍 일어난 나를 뿌듯해하는 것보다 '누가 오늘은 더 빨리 일어났나?' 초점을 맞춘 채 인증에 열을 올렸다.

그러다가 체력이 따라주지 않자, 결국 지치는 순간이 오더니 꾀를 부리기 시작했다. 새벽에 일어나서 책을 펼치고 사진만 찍어서 올리고 그대로 다시 자는 잔꾀를 부리기 시작했다. '이게 무슨 미라클 모닝이야?' 본질이 사라지는 순간 재미가 없어졌다. 꾀를 부리다 지쳐 인증하는 것을 과감히 접었다. 혼자서 그냥 내가 할 수 있는 시간대에 일어나기 시작했다. 그리고 카톡 모임이 아닌 블로그에 글을 쓰고 시간을 기록했다. 오히려 그런 것들이 내게 집중할 수 있어서 좋았다.

타인 전략이라는 말이 있다. 타인은 우리의 습관에 영향을 주고받는다는 것이다. 이때 타인 전략은 나쁜 영향보다 좋은 영향일 때 우리에게 도움이 된다. 타인에 의해 나 자신이 초라해지거나 부정적인 영향을 받는다면 타인보다 나 자신에게 맞는 것을 길들이는 것이 낫다.

확실히 어떤 이는 SNS를 잘 활용해서 자신의 성장과 사업에 이익을 주는가 하면 나처럼 SNS를 타인 중심으로 활용하면 오히려 피로 누적과 경쟁심으로 지쳐갈 수 있다는 것을 알았다. 카톡이나 SNS를 이용해서 인증에 시간 낭비하지 마라는 말이 아니다. 나도 여전히 어떤 행동을 하고 있는지 점검하기 위해 스스로 인증사진을 찍어놓는다. SNS에 올리기도 한다. 남들의 시선, 관종 효과도 잘 사용하면 엄청난 도움이 되는 것은 사실이다.

"다른 사람의 시선이나 커뮤니티에서 받는 평가가 신경 쓰이는 것은 어쨌든 인간의 본능에 가까운 것이며 의식적으로 받아들여서 이용하면 절대적인 힘을 발휘한다."고 사사키 후미오가 말했다.

타인을 의식하는 것은 우리의 본능에 가깝기에, 잘만 이용하면 우리의 성장에 도움이 된다. 내가 주체가 되어 어떤 프로젝트를 할 때도 SNS는 유용하고 편리하다. 아작(아주 작은) 습관에서 회원들과 함께하는 습관에도 인증이 필요하다. 회원들이 무엇을 했는지, 부족한지 피드백을 주기 위해 인증사진을 참고로 본다. 참고만 할 뿐이다. 나의 성장을 위한 인증을 올리는 것인지, 남에게 보여주기 위한, 남을 의식한 인증을 하는 것인지 구별할 필요가 있다. 운동하는 습관을 길들이고 싶은 사람이 있는데 자칫 잘못하면 운동하는 사람이 아닌 운동하는 것을 찍는 습관을 길들이고 있는 사람이 될지도 모른다.

타인의 시선을 의식하며 인증만을 위한 인증을 경험한 사람으로, 인증을 위해 SNS에 올리는 것이 나쁘다고 단정 짓는 것이 아니다. 인증하면서 계속 이것을 의식하면 좋겠다. 내 성장과 본질을 위한 것인지, 남들에게 보여주기 위한 것인지 의식을 가지고 현명하게 길들여 갔으면 좋겠다. 나는 여전히 습관을 혼자 실행하고 생소한 습관을 길들일 때는 함께 인증을 남긴다. 필요한 프로젝트만 인증하고, 본질이 없는 인증이라 생각하면 아예 올리지 않는다. 또한 인증에만 목숨 걸어 에너지를 빼는 곳에는 가급적 피하려고 한다.

넘쳐나는 SNS에 다양한 인증들이 올라온다. 열심히 살아가고 있는 과정에 있는 사람, 누군가에게 동기부여가 되는 사진, 멋진 사진들이 많다. SNS를 잘 활용하면 자신의 성장에 큰 도움을 준다. 습관을 형성하거나 지속할 때도 SNS를 유용하게 이용하면 많은 도움을 받는다. 다만 주의할 점은 자신의 성장을 위한 것인지, 인정받기 위한 인증에만 목적을 두고 있는지 살펴보아야 한다.

'스스로 뿌듯함이 올라왔는가? 아니면 하고 있다고 증명만 하는 것인가?'

남을 위한 인증이 아닌 나를 위한 인증은 뿌듯함도 같이 올라온다. 먼 훗날 멋지게 변하고 성장할 '나를 위한 기록'의 인증을 오늘도 남겨보시라.

작은 습관에 지치지 않는 꿀팁

6시 반, 눈이 떠졌다. 미라클하게 들뜬 기분은 아니지만 눈을 감고 확언을 한다.

'나는 모든 면에서 점점 더 나아지고 있다.'

'나는 내가 좋아하는 일로 사람들에게 가치를 주고 풍요로운 삶을 산다.'

'내 주변에는 나의 성장을 서로 돕는 사람들이 넘쳐난다.'

발끝에서 천천히 좋은 에너지가 타고 올라가서 머리끝까지 뻗어나는 이미지를 끝내고 나면 천천히 일어나 양치하러 나간다. 늦잠잘 때를 제외하고는 꼭 실행하는 요즘의 루틴이다. 천성적으로 걱정을 달고 사는 사람인지라 자고 일어나면 나도 모르게 자동적으로 걱정과 오늘 해야 할 일의 조바심이 슬그머니 올라온다. 걱정이나 염려와 같은 부정적인 에너지가 올라오려고 할 때는 그냥 조금씩 몸을 움직이는 것이 최고다. 아무리 걱정해봤자 나아지는 건 없다. 해결하려고 검색하다가 들어간 남의 SNS 사진에 시간 낭비만 할 뿐이다. 다행인 것은 습관 자체가 큰 것들이 아니라 금방 끝낼 수 있고 남는 시간에 또 할 수 있다는 것이다. 때로는 초과 달성으로 쭉 성과를 내기도 한다.

오늘도 어제도 똑같다. 순서는 때에 따라 바뀌지만 하는 것은 똑같다. 일어나 확언하고 하루 이미지를 그리고 적으며 양치하러 간다. 양치 후 물 한 잔과 스트레칭, 복식호흡을 하고 구석에 있는 작은 책상에 앉아 일기를 쓰고 책을 읽는다. 알람이 울리면 아침 차리러 자리에서 일어난다. 아이를 보내고 계단 오르기를 하고 자리에 앉아 글을 쓴다. 변한 것은 없다. 아프거나 큰일이 일어나지 않는 이상 거의 똑같은 루틴이다.

똑같은 습관을 반복하다 보면 정체되어 제자리걸음이라는 생각이 들 때도 있다. 경력 단절된 지 오래되어서 그런지 생산적이거나 성과적인 것이 두드러지면 좋겠다고 생각했다. 일에서나 어떤 행동에서 작은 보람과 성과가 있어야 시간 낭비라는 억울함이 없을 것 같았다. 블로그 이웃 중 어떤 분은 속성으로 자신을 뛰어넘어 인고의 시간을 견뎌 빠른 성과를 냈다. 한 마디로 180도로 변신했다. 그런 성과를 보자니 나도 모르게 조급함이 밀려와 또 다른 좋은 습관을 끼워 넣고 싶은 유혹도 생겨나기도 한다.

SNS 속 사진. '초콜릿 복근을 드러내며 아름답게 살을 뺀 이웃, 매일 그렇게 열심히 블로그를 올리더니 강사의 직업을 가지다니….' 부러움이 밀려왔다.

처음 시작할 때보다 지금의 모습을 생각하면 많은 성장과 변화가 있었음에도 타인의 성과와 비교하며 볼품없어 보이는 습관에 한숨이 나왔다. 두 잔의 물 마시기의 습관을 아주 최소라도 이어왔기 때문에 지금의 물 잘 마시는 내가 있지 않는가? 하나씩 성공하고 나니 조금 더 빨리, 조금 더 높게 욕심을 내어 변하려고 했다. 절대 욕심을 내어서 변할 수 없다는 것을 알면서도 욕심껏 가득 채워 놓고 싶은 마음이다.

작은 습관을 길들이고 있다고 해서 인생이 '짠' 하고 바뀌진 않는다. 무기력했던 자신을 일으키고 다독여주는 아주 조그만 힘이 생겼다고 할까. 실패에 대한 태도가 바뀌고, 나에 대해 너그러워졌다고 할까. 내 마음에 중심이 서니 활기를 찾아주고 무언가를 하고 싶은 마음과 자신감이 생겨나도록 도와줬다. 간간이 프로젝트와 강의, 재능으로 생산성을 조금씩 올리고 있는 정도이다(그러고 보니 작은 변화는 아니네). 스며드는 가랑비의 한두 방울은 티가 나지 않는다. 스며드는 시간이 필요하다. 한두 번의 행동은 티가 나지 않는다. 그래서 오랜 기다림이 필요하고, 중간중간에 지루함도 생겨나는 것이다. 아이가 아침마다 볼멘소리로 투정한다.

"또 볶음밥이야?"

이틀째 찬거리가 없어 밥을 볶았더니 지겨운지 툴툴거린다. 겨우 이틀인데도 지겹다고 난리다. 이틀도 반복하면 지겨운데 기간이 없는 반복은 얼마나 지루할까?

스며드는 아주 작은 습관은 사람마다 자연스럽게 체득하는 시기가 다르다. 책에서 말하는 21일, 30일, 66일, 100일은 최소한의 날짜이며, 작은 습관을 실행할 때는 나의 경험상 더 긴 시간이 걸린다. 똑같은 행동에 지루함이 따라붙는 것은 당연한 일일지도 모른다. 다른 습관을 끼워 넣고 싶고 목표를 과하게 불리고 싶을지도 모른다.

똑같은 습관을 길들이면서 지루해서 지칠 것 같고, 언제까지 길들여야 할지 끝이 안 보일 때 나는 이런 방법을 사용한다.

첫째, 초과 달성을 자주 해본다.

초과 달성은 목표 이외의 달성이기 때문에 해도 안 해도 되는 선택사항이다. 하면 목표량보다 많아지니 좋으니 자주 하면 어느 단계로 더 업그레이드 되기도 한다. 2장의 최소 목표로 독서를 하기로 했는데 술술 읽혀서 자신도 모르게 초과를 많이 할 때가 있지 않는가? 그렇게 초과를 자주 하다 보면 속도가 붙어 지루함이 덜해진다.

둘째, 지치지 않기 위해서는 결과에 상관없는 도전들을 자주 해

133

볼 수 있다.

그림 그리는 것이 좋아 평생 그림 그리는 습관을 길들이기로 했다 치자. 습관 중간중간에 목표가 있으면 딴 곳에 정신을 팔지 않고 몰두할 수 있다. 지금껏 그렸던 습관을 작은 공모전이나 프로젝트를 끼워 넣는 도전을 자주 맛보면 반복하는 습관이 지루할 틈이 없다. 결과의 성공, 실패는 중요하지 않다. 자신이 자주 도전할 만큼 자신감이 생겼는가가 중요하다.

셋째, 공개로 된 SNS에 기록을 끊임없이 남긴다.

SNS를 꺼리는 사람도 많다. 남에게 보여주고 싶은 마음이 부담스럽다고 한다. 혼자서 자신의 기록을 남기는 것도 좋지만 누군가의 피드백이나 반응은 자신의 행동을 잘 이어가도록 도와주는 계기도 된다. SNS를 잘만 이용하면 나와 관심사가 비슷한 사람을 만나기도 쉽고, 풀리지 않았던 고민도 쉽게 해결할 수도 있다. 나는 실제로 블로그로 습관의 기록을 통해 책을 쓸 수 있었던 정보가 되었다.

넷째, 수치를 적어본다.

수치를 적는다고 하면 등수를 매기는 것 같아 기분이 나쁘다는 사람도 있다. 보이지 않는 습관일수록 숫자나 통계를 자신이 알아볼 수 있도록 수치화하는 것은 안갯속을 빠져나오는 것과 비슷한 효과다. 어떤 점에서 언제 부족했는지, 기분이 좋아서 잘 이어졌는지 숫자로 된 피드백은 대충 "잘했다"는 칭찬보다 구체적이라 객관적인 자료가 된다.

다섯째, 자신에게 잦은 보상을 한다.

물질적인 것도 좋지만 자신에 대한 칭찬과 함께 잦은 보상도 다음 행동을 이어갈 힘을 준다. 자신을 잘 알고 잘 다독일수록 습관이 잘 길들여진다.

여섯째, 아웃풋의 기회를 가진다.

'함께'의 힘은 혼자보다 배우는 점이 많다. 오랜 기간 습관을 길들이고 있다면 알고 있는 습관에 대한 경험을 나눌 수 있다. 실패, 성공 무엇이든 괜찮다. 자신의 경험만큼 귀한 것은 없다. 혼자서 또는 지루하고 지칠 때, 자신이 그동안 해왔던 습관을 처음 시작하는 사람에게 가르쳐주는 기회도 좋다고 본다. 단 두 명이라도 있다면 함께해 볼 것을 권한다. 개인적으로 습관이 제일 크게 도약했던 시간은 함께, 정확히 말하면 내가 누군가와 함께하면서 노하우를 나누어 주고 그들의 피드백을 받고 함께 수정해나갈 때다. 그다음이 초과 달성을 자주 했을 때였다.

내가 말한 것 외에도 여러 가지 방법들이 있겠지만 대략 이 정도만으로도 지친 습관을 다시 이어나갈 수 있게 한다. 한 가지라도 적용해보자. 《아주 작은 습관》의 힘의 저자 제임스 클리어는 차라리 "지루함과 사랑에 빠져야만 한다."라고 말한다. 어떤 일을 탁월하게 만들기 위해서는 지루한 과정이 필수라는 거다. 그렇게 지루함을 의도적으로 사랑에 빠지든지 아니면 사는 동안 잘 데리고 길들이며 가야 할 습관으로 여길 수 있다. 또한 위의 6가지 방법을 다양하게 적용해서 지치지 않게 만들 수 있다. 삶은 과정의 연속이다. 서서히 스며들듯이 그러나 지치지 않게, 나답게 이끌어주는 행동의 반복이야말로 끝까지 해볼 가치가 있는 것들이다.

나는야 습관 유지어터

"지금도 그렇게 바빠?"

"저요? 하나도 안 바쁜데요?"

"매번 뭐 한다고 바쁘더만⋯."

왜 바쁘게 보였을까 생각해보니 좋은 습관을 들이겠다고 이것저것 분주하게 실행했던 사진들을 찍어 올린 SNS 때문이다. 사진 속 나는 되게 부지런하게 보이고 바쁘게 보인다. 사실, 습관의 실행이 그렇게 많은 시간을 들여야 하는 것도 아니다. 하지만 습관을 유지하기 위해서는 매일 무언가를 해야 하고 나만의 인증을 게을리하지 않아야 한다.

습관은 시작도 중요하지만 무엇보다 관리가 매우 중요하다. 처음 습관을 길들일 때도 그렇지만 어느 정도 습관이 익숙해질 때도 변함없이 할 수 있는 시간과 루틴이 중요하다. 수년간 아주 작은 습관을 이어오고 있지만 매일, 똑같은 행동을 해내는 것은 쉬운 듯 쉽지 않다. 무기력한 날이 되면 손가락 하나 움직이기 싫어 미루기나 게으름으로 타협했다. 티가 나지 않는 작은 행동들을 가만히 바라보고 있으면 '내가 뭐 하고 있나' 생각이 들 때도 있다. 설상가상 건강하기 위해 했던 물 마시기, 영양제 챙겨 먹기, 자잘한 운동, 마음 명상 등과 같은 좋은 습관을 길들임에도 건강 검진에서 건강이 나빠졌다고 하면 그동안 했던 시간이 아까워 약간의 억울함마저 든다.

워낙 약한 체질이기도 하지만 오랫동안 부정적으로 살아왔던 생각 습관이 몸과 마음을 나약하게 만드는 것도 사실이다. 나를 아는 오랜 친구들은 "야, 너 진짜 긍정적이 되었네. 그렇게 투덜대더니 철 들었다.", "비실이, 많이 건강해졌어."라고 놀랄 테지만 나를 모르는 사람은 '저렇게 습관을 들이는데도 골골대고 아프지?' 이렇게 생각하는 것 같아서 더 의식적으로 건강해지려고 노력한다.

매일 계단을 오르고, 스트레칭을 하며 독서하고, 일기를 쓰고 글을 올린다. 때로는 그림을 그리고, 산책하는 것 등 누군가에게는 가뿐한 일도 내게는 꾸준한 유지와 관리가 필요한 것들이다. 관리, 유지가 필요한 것의 단연 으뜸은 운동건강 습관이다. 스트레칭, 요가, 걷기 등은 평생 가져가야 할 것들이지만, 여전히 친해지지 않는 것 중 하나이기도 하다.

아주 조금씩, 작게, 자주 길들이며 부담을 줄이고 있다. 작은 습관을 유지하기 위해 실행할 때마다 인증, 기록으로 남기는 것이 안 하는 것보다 훨씬 내게 동기부여가 된다. 습관적으로 실행 시작하기 전후의 사진을 남긴다. 그런 나를 보는 사람들은 '바쁘다, 부지런하다.'라고 생각하는 것 같다.

몸을 부지런히 움직이면 큰일이든, 작은 일이든 '하고 싶은데 아파서, 몸이 말을 안 들어서'라는 변명을 할 수 없다. 습관 책을 냈을 때, 나는 책에 나온 교과서가 되어야 한다는 마음을 가지고 있었다. 아파도 끝까지 부풀린 습관 여러 개를 실천하고 사람들에게 '이렇게 잘하고 있다'를 보여주려고 애쓴 적이 있다. 그런 날은 온 에너지를 끌어들였기 때문에 하루 종일 누워 있는 날도 있었다. 그런 날들이 많아지자 문득 이런 생각이 들었다.

'건강하기 위한 습관을 하는데도 오히려 건강하지 못한 날이 많은 이유는 뭘까?'

'아이에게 행복한 엄마를 보여주고자 하더니, 습관화 한다고 아이에게 왜 화를 내고 있을까?'

억지로 애썼기 때문이다. 누가 뭐라고 하지 않는데도 조바심을 내며 성과를 기대했다. 빠른 결과를 기다리고 성과에 목매었다. 어떤 것이든 성과가 빨리 났으면 하는 행동들도 고개를 쳐들었다.

조바심과 불안이 붙은 습관이 더 이상 재미가 없고 성장이 더디게 느껴질 때 나는 '왜' 이런 습관을 하게 되었는지 되물었다. 분명 나는 건강하고 행복한 엄마가 되고 싶어서 시작한 것이었는데 어느

새 욕심과 사람들의 인정을 덧붙였던 것이다. 사람마다 체질도 성격도 환경도 각기 다른데 타인을 보며 내달리려고 했으니 탈이 안 날 수 없었다.

그때 나는 완벽한 습관은 있을 수 없다고 깨달았다. 어떤 좋은 습관도 나답게, 내게 맞는 전력과 상황, 유연한 것들이 필요함을 알게 되었다. 습관을 길들이면서 실패하고, 길들이고, 유지하고 성장하고 나답게 나아가는 것은 그 누구의 것도 아닌 오롯이 나만 할 수 있는 것들이었다. 습관을 끝내는 사람이 아닌 습관을 유지하는 사람이 되기로 마음먹었다. 애쓰지 않으면서 유지하는 일상을 만들어보기로 했다. 유연성을 보탰다(그렇다고 처음 길들이는 습관에 이것저것 왔다 갔다 하라는 것은 아니다).

여전히 아침에 일어나기 전 확언, 일어나서 화장실 갔다가 물 마시고, 복식호흡, 스트레칭, 일기 쓰기, 독서, 아이 보낸 뒤 글쓰기, 계단 오르기, 설거지, 그림 그리기 등을 한다. 그러나 늦게 일어나거나 컨디션이 좋지 않은 날에는 아예 안 하는 것이 아니라 대체할 수 있는 행동을 바로 해버리거나 그동안 해온 비슷한 습관은 확 줄여서 중요한 습관만 하고 쉰다.

마음의 짐도 없다. 점 하나만 찍었다는 안심이 건너뛰었다는 마음보다, 다음을 실행하기가 더 좋다. 자책 따윈 예전에 사라졌다. 오히려 아픈데도 '그만큼이면 잘했어. 충분하다.'는 셀프 위로를 넣어준다. 피드백, 기록을 꼭 남긴다. 자책하기 위해서가 아니라 객관적인 나의 다음 날을 격려하기 위한 증거로 남긴다. 때로는 SNS에도 올린다. 꾸준히 잘하고 있다는 시각적인 자료가 되기도 하며 나와 비슷한 누군가에게도 도움을 줄 수도, 도움을 받을 수 있기 때문이다.

이 글을 쓰고 있는 나는 오늘의 작은 습관을 거의 다 실행했다(아주 작은 습관이라 얼마나 다행인지…). 컨디션과 상황이 좋으면 또 할 것이고 안 되면 이즈음에서 그만두는 것도 좋다. 내일 또 실행하면 되니까. 글 한 꼭지 마무리할 지금 팔이 저리는 것이 목 디스크가 다시 오려나 보다. 여기서 오늘 습관은 끝낸다. 습관을 끝장낼 것이 아니라면 이즈음에서 유지하는 것도 좋다

습관을 길들이면서 포기하거나 계속 유지하며 나아가는 것은 그 누구도 아닌 오롯이 나만 할 수 있는 것들이었다. 작은 습관은 그나마 시작이 쉽고 시간이 많이 걸리지 않아 좋다. 하지만 유의할 점도 생긴다. 가볍게 생각한 만큼 가볍게 뒤로 미룰 수도 있기에 관리, 유지는 꼭 필요하다. 언제까지 기간을 정해놓고 끝내는 습관도 새로운 변화를 느낄 수 있어 좋겠지만 그 이후 되돌아오는 습관 요요에 실망하지 않으려면 습관을 끝내는 것보다 습관을 유지하기로 마음먹는 편이 훨씬 낫다. 유연성을 보태어 애쓰지 말고 그저 가늘고 길게 유지하는 일상을 만들어보자.

너무 많은 습관, 디톡스가 필요한 때!

"나, 요즘 채식과 디톡스 제품만 먹으며 체질 개선하고 있어."

지인은 체중 감량의 기쁨을 전했다. 날렵해진 그녀의 턱선이 도드라져 보였다. 다이어트나 체질개선 하면 디톡스라는 말이 꼭 들어간다. 디톡스는 대체 의학적 요법으로 위키백과에 따르면 "인체 내의 축적된 독소를 뺀다"는 뜻을 담고 있다. 서양에서는 레몬 음료, 우리나라에서는 장 청소, 단식이 대표적이다. 다이어트 효과가 있어 그런지 내 주변을 둘러봐도 다이어트하는 사람들은 거의 디톡스로 단기간에 독소를 빼며 체중을 감량하는 경우가 많다.

우리 몸에 축적된 독을 해소하여 건강한 몸을 만드는 것은 개인적으로 필요한 일이라고 본다. 옛날에는 못 먹어서 병에 걸렸다면 지금은 과하게 먹어 병이 생긴다. 위가 작지만, 식탐 많은 탓에 끊임없이 먹고 욕심이 생겨 먹고, 과식과 야식을 일삼는 나를 봐도 그렇다.

돌아오는 것은 위장병과 체한 뒤 겪는 두통이다. 음식도 약도 과하지 않고 균형을 이룰 때 건강하게 만들어준다. 과하다 싶으면 가끔 독소를 제거하기 위해서는 단식이나 한 가지 제품으로 디톡스를 하며 신체가 다시 쉬어주는 시간이 나쁘지만은 않게 보인다.

디톡스와 전혀 관련이 없어 보이는 이야기지만 습관도 디톡스가 필요한 것 같다. 주변을 돌아보면 습관에 대한 무수한 지식과 정보가 넘쳐난다. "습관을 이렇게 해야 한다. 저렇게 해야 한다." 비법을 나누며 여러 실천 방법들을 제시하고 있다. 사람들은 너도나도 좋다 하는 습관을 따라 하며 비싼 비용을 지불한다. 어느 순간 자신에게 맞지 않는 것인지 전략이 잘못되어 버린 것인지 알 수 없지만 의욕도 사라지고 슬그머니 포기해버린다.

지금껏 내가 해온 습관을 보면 단번에 변해버리고 싶은 마음 때문에 포기했다. 조급한 성격에 끈기라고는 없었고 불편함을 인내하지 못했던 여러 이유가 있었다. 마법 지팡이를 휘둘러 재투성이에서 신데렐라 공주로 변신시켜 주듯 단기간에 더 나은 삶으로 변신시켜주기를 바랐다. 행동이 배제된 계획은 아주 그럴 듯했다(지키기만 하면). 하루를 허투루 쓰고 싶지 않아, 일과 속에 하고 싶은 습관과 꼭 변하고 싶은 습관, 성공자, 건강한 사람들의 좋다 하는 습관을 빼곡하게 끌어다가 시도했지만 오히려 엉켜버린 느낌을 떨쳐버릴 수가 없었다.

어디서부터 잘못된 것일까. 과부하가 걸린 느낌이 든다. 가뜩이나 답답한데, 아이가 어질러 놓은 장난감을 보니 화가 머리끝까지 치밀었다.

"좀!!! 치우란 말이야."

아이에게 본이 되고자 했던 습관들이 이제는 오히려 여러 습관 때문에 아이를 잡게 되는 꼴이란….

한의원에 가서 달여온 약이 누군가에게는 병을 고치는 약이 되는데, 어떤 체질은 독이 되기도 한다. 음식으로 체질을 고친다는 곳에서는 언니와 나에 대한 음식이 달랐다. 같은 고등어를 먹어도 내게는 맞지 않는 것이 언니에게는 딱 맞는 궁합 음식이었다. 이렇게 먹고 치료받는 것도 각자 다 다른데 습관이 어찌 다 똑같을 수가 있으랴. 어리석은 생각이었다. 아무리 좋은 음식과 약도 과하면 부족한 것보다 못할 때가 있다. 주의 산만한 모습에 조바심만 생기면서 짜증이 났던 습관들이 스쳐갔다.

부지런히 습관을 실행하긴 했는데 정작 내게 맞는 습관인지도 모르겠고, 잘하고 있는 습관인지도 헷갈렸다. 어느새 불어난 습관이 숨 쉬기조차 힘들었다. 가벼움에서 시작된 습관이 어느 순간 변질되어 열 개가 넘어 이것도 저것도 진전이 없는 상태가 되었다. 아주 작은 습관은 쉬워서 실행이 쉽다. 그러다 보니 욕심을 추가할 때가 있다.

작은 습관의 목표보다 초과 달성에 계속 목숨을 걸거나, 새로운 습관 몇 개를 추가해서 실천하기 시작했다. 물 마시고, 스트레칭하면 되는 것을 물 마신 뒤에 건강한 습관을 더 채우고자 차 마시는 것을 추가하고 운동 앱을 깔아 하체, 상체를 나누어 시간을 끼워 넣기 시작했다. 영어는 어떤가. 짧다는 이유로 다시 세네 개의 습관 사이에 추가했다. 결과는 실패로 끝났다. 여유로운 날에는 가능하지만 거의 매일, 하나씩 빼먹거나 조바심 때문에 습관을 제대로 하기가 쉽지 않았다. 추가되고 더덕더덕 붙어버린 비슷한 습관들이 뒤엉켜, 했다가 안했다 꾸준히 반복하지 못한 채 몸집만 부풀려갔다.

《심플왕》이란 책에는 이런 말이 있다. "많다는 것은 불필요하게 더 가졌다는 것, 그로 인해 대가를 치러야 한다는 뜻이다." 불필요하게 더 가진 습관들로 인해 과부하가 걸려 나는 그 대가를 치르고 있는 것이다.

습관에 독소가 찼다. 진짜 내가 길들이고 싶은 습관은 무엇일까? 불필요하고, 부풀렸던 습관에 쫙 독소를 빼기 시작했다.

정말 필요하고, 내 인생에 핵심, 중심이 되는 명확한 세네 가지로 줄였다. 속이 시원했다. 가짓수가 많은 것이 좋은 것이 아니었다. 튼튼하게 기초를 다지고 심플하게 습관을 길들이며 강화시키는 것이 이것저것 쌓고 추가하여 부풀려서 흐지부지 사라지는 습관보다 훨씬 가볍다. 꽉 막혔던 마음의 체증이 쑥 내려가는 것 같았다. 가끔은 습관에도 디톡스를….

체질 개선, 건강을 위해 우리 몸에도 디톡스가 필요하듯 우리가 하는 행동, 습관에도 디톡스는 꼭 필요하다. 아무리 좋은 음식이라도 과하지 않게 균형을 맞춰 섭취해야 우리 몸에 이득이 된다. 습관도 마찬가지다. 아무리 작고 쉬운 습관이라 할지라도 욕심이 붙으면 수십 개의 작은 습관이 우리의 발목을 잡을지도 모른다. 우리에게 필요한 것은 의외로 단순하다. 불필요한 습관으로 인해 시간, 에너지 낭비하며 대가를 치르고 있는지 생각해보아야 한다. 진짜 내가 길들이고 싶은 습관만 남기고 쫙 빼버리자. 가끔, 아주 작은 습관에도 디톡스는 꼭 필요하다.

chapter 5

방구석,
작은 습관으로
당당해지기

더 나은 삶을 살아가기 위해

왜 습관을 그렇게 길들이려고 했을까? 실패할 것을 알면서도 계획을 세우고 거창한 목표에 꿈을 적으며 변화하길 갈망했다. 아가씨 때는 성공하기 위해서, 돈 많이 벌어 자유롭고 싶었고, 아름답고 건강하고 완벽한 사람이 되기 위해 습관을 길들이고 싶었다. 남들에게 당당하고 싶어서 좋은 습관을 길들이고 싶은 적도 있다. 엄마가 되고 나서는 '건강하고 행복한 엄마'가 되고 싶었다.

나약한 모습을 따라 하는 아이를 보고 충격을 받고 나서야, 나 자신을 객관적으로 바라보게 되는 계기가 되었다. "너 자신을 알라."는 소크라테스의 명언만큼 공감되는 것도 없을 것이다. 성공도, 돈도, 아름다움도 좋지만 그전에 해야 할 일이 '나를 정확히 아는 무언가'가 필요했다. "세상에서 가장 위대한 제국은 나 자신을 다스리는 제국이다."라는 푸블릴리우스 시루스의 말처럼 우리 자신을 아는 것은 아주 중요하다. 끝까지 실천하며 나를 잘 데리고 살아갈 나만의 습관을 가져야 했다.

　그렇게 생각하고 보니, 매사에 약한 체력이 제일 큰 걸림돌이었다. 큰 변화는 아니지만 조금씩 어제보다 나은 내가 되어가는 모습으로 살아간다면 이보다 멋진 일은 없을 것 같았다. 아이에게도 침대에 누워 나약한 모습으로 살아가는 엄마가 아닌, 활기차고 건강한 엄마의 모습을 보여주고 싶었다.

　나는 큰 의지력이나 끈기가 있는 사람이 아니다. 커다란 목표와 거창한 계획은 기분만 잠시 좋게 만들어줬을 뿐, 현재의 나를 나아지게 만들지는 못했다. 그렇게 나를 정확히 알아가기 시작했다. 남들이 거창한 계획을 세우고 자신을 이겨내는 방법이 통하는 사람이 있다면 나는 정반대다. 살살 달래며 행동을 하는 둥 마는 둥의 크기로 조금씩 전진하거나 반복해야 포기하지 않고 한다.

　작은 습관은 그런 점에서 딱이다. 은은하게 예열하듯이 아주 작은 습관을 실행하면서 수많은 도전을 하기 전까지 아주 작게 실행해 가는 것이다. 건강하고 에너지 넘치는 지인들의 활약을 볼 때면 부러울 때가 많다. 체력이나 에너지 면에서는 그들을 따라갈 수는 없어도 욕심만큼은 누구에게도 뒤처지지 않기 때문이다. 그 부분을 인정하고 내가 할 수 있는 전략과 목표로 단순하게 만들어 나가는 것이 오히려 거창한 목표에서 허우적거리다 뒷걸음질 치는 것보다 훨씬 도움이 되었다.

목표의 크기는 중요하지 않다. 그저 작은 행동이라도 할 수 있는 범위에서 계속 반복하면서 끈기를 만들면 된다. 아주 작은 습관을 하면서 주변 사람들이 내게 반복적으로 하는 말이 있다. '끈기 있는 사람' '지속력 하나는 끝내주는 사람'이라고 한다. 나를 아는 과거의 사람들이 들으면 콧방귀를 뀔지도 모른다. 힘들면 뒤로 숨고, 어려울 것 같으면 아예 시도하지 않던 내가 어떤 일을 하나 시작하면 느리더라도 끝까지 지속하고 해내고 있기 때문이다.

'습관은 큰 목표를 가지고 단숨에 변화하는 것'이라고 누군가가 제시했다면 지금까지 어떤 습관도 길들이지 못했을 것이다. 변화될 수 있는 최소의 날보다 중요한 것은 '유지'이며 '과정'이다. 습관은 끝이 아니며 우리가 살아가는 동안 매일, 어제보다 조금씩 좋은 방향으로 나아지며 성장하는 것이다. 살아가는 과정에 만나는 모든 일들과 함께 다시 수용하며 어우러져서 '나답게 만들어 주는 도구'로 습관을 길들이는 것이면 좋겠다.

최근에, 이른 갱년기로 여러 가지 몸의 변화가 한꺼번에 오는 일이 있었다. 얼굴은 화끈거리고 심장은 두근거렸으며, 혈압이 올랐고 앞 머리카락이 눈에 띄게 줄었다. 건강을 유지하고 관리한다고 했지만, 결과는 내 생각과 달랐기 때문이다. 예전 같았으면 충격에 빠져 오랫동안 헤어나오지 못하고 한참을 방황했을 것이다.

'건강을 유지하고 열심히 습관을 실행해왔잖아.'

약간의 불평이 스며들려고 할 때, 다시 현실을 차분하게 바라보게 되었다. 탓하며 회피하던 과거에서 지금은 조금 더 적극적으로 대처하며 받아들이는 모습으로 달라졌다. 어차피 삶은 과정이요, 습관 역시 살아가는 동안에 나를 도와주는 과정이니까, 중간 결과가 조금 실망스러웠다면 조금씩 다시 수정해서 이어나가면 된다. 나를 수용하고 다시 내게 맞는 습관을 재세팅했다. 걷기를 추가하고 영양제를 챙기고, 수면에 신경을 썼다. 호들갑을 떨지 않고 그저 내게 맞게 조절하고 어제 하던 그대로 이어가고 있다. 그렇게 나는 어제보다 나은 삶을 살아가고 있다.

"보기보다 꽤 오래 가네?" 친정 식구들과 지인들이 말한다. 집 밖으로 나서는 것을 싫어하는 것을 알기 때문이다. 그런 내가 능동적으로 나가고 1시간 걷기를 매일 한다. 나를 다그치지 않아도 그저 자연스럽다. 그동안의 자잘했던 작은 습관들의 힘 덕분이다. 비바람에도 끄떡없는 돌담처럼, 오늘도 차곡차곡 작은 습관의 돌멩이들을 쌓아간다.

내 삶이 전보다 나아졌다는 사실을 확인하는 것만큼 행복한 일은 없다. 엄청난 성공이나 부를 쫓는 것도 나쁘다 할 수는 없겠지만, 숨이 턱턱 차오르는 오르막을 성큼 오를 만큼의 힘이 내게는 없다. 정상에 서겠다는 욕심을 내려놓고 지금 내 주변을 둘러싼 풍경에 감사하며 다만 한 걸음을 내디딜 수 있음이 축복임을 받아들였을 때, 나는 처음으로 행복하다는 감정에 먹먹했었다. 더 나은 삶을 위해. 작지만 꾸준히. 오늘도 한 걸음 나아간다.

자기다움이 되는 습관

"삶에서 중요한 것은 진정한 자기 자신이 되도록 스스로를 허락해주는 것뿐이다. 그냥 당신 자신으로 사는 것이다."

– 아니타 무르자니

4년간 암 투병과 놀라운 임사체험 끝에 완치한 아나타 무르자니가 한 말이다. 그녀가 쓴 《나로 살아가는 기쁨》이라는 책에서 일관되게 말하는 것이 있다. "나 자신을 조건 없이 사랑하기, 나 자신으로 살기"였다. 우리는 누군가의 기대에 부흥하기 위해 애쓰거나, 남들과 비교하며 달려가기, 걱정과 두려움으로 하고 싶은 것들을 회피하며 후회하기 등등 우리는 많은 것을 숨기고 살아온다. 엄마인 우리는 어떤가. 가족을 위한 시간을 내면서도 자신을 위해 시간 내는 것을 아까워하며 우리 가슴속 숨은 보석을 찾지 못한 채 살아갈 때가 많다. 그녀 역시 그런 삶을 살다가 임사체험으로 모든 것이 변하게 되었다. 결국 자기다움, 나 자신으로 사는 것, 있는 그대로 나를 사랑하는 것이 얼마나 중요한가를 알게 해준 책이다.

우리가 길들이고 있는 습관도 아나타 무르자니가 말한 '나 자신으로 살아가는 과정'이 아닐까 생각된다. 나를 사랑하고 나답게 살아가는 것, 진정 자기 자신에게 맞는 습관이 되도록 허락하는 것, 실패에도 불구하고 나 자신을 있는 그대로 인정하는 것 등등 비슷한 구석이 많다.

사실, 처음 습관을 길들인 이유는 못난 나를 뜯어고치기 위해서였다. 온갖 마음에 들지 않는 나를 찾아내며, 변화하고 싶어 안간힘을 썼다. 붉어 상처 난 얼굴을 매끄럽게 바꾸고 싶어서 맞지도 않는 원푸드 식품으로 독소를 뿜어내며 괴로워했다. 또 굵다란 허벅지를 얇게 만들고자 운동 한 번 하지 않던 몸을 한 번에 백 개씩 자전거를 타며 일주일 만에 변화하기를 꿈꿨다. 유창한 영어로 사람들에게 인정받고 싶었다. 맞지도 않는 높은 수준의 책을 꾸역꾸역 외우다 좌절하기도 했다.

실패로 끝나버린 여러 습관을 보며 '그것 하나도 못하는 바보, 네가 그러면 그렇지.' 핀잔과 비난의 말을 퍼부었다. '남들이 하니까, 남들이 좋다고 하니까, 이 습관을 하면 남들이 인정해줄 것 같아서' 등과 같은 외부 요인만 찾기 바빴다. 내가 진짜로 원하는, 진짜 나를 위한 습관을 길들이는 방법을 몰랐다.

작은 습관을 길들이면서 달라진 점은 다른 사람과 똑같지 않아도, 거창한 목표와 크기로 앞서 나가지 않아도 된다는 마음가짐과 여유다. 처음부터 그렇게 된 건 아니었다. 처음에 작은 습관을 실패 없이 길들일 때는 자신감이 생겼다. 하지만 작은 습관으로 확실한 변화가 더디다는 느낌이 들자 욕심이 생겨났다. 습관을 여러 가지로 늘리기도 했고 목표보다 과하게 초과 달성을 억지로 끌어내기도 했다. 그러다가 지쳐 다시 원점으로 돌아갔다. 남에게 보여주기 위해, 억지로 과하게 하는 것은 탈이 난다는 사실을 깨달았다. 습관을 길게 바라보기로 했다. 다시 아주 작은 습관을 즐겁고 기쁘며, 용기를 주는 긍정적인 에너지에 초점을 맞춰서 하기 시작했다.

그저 우리 각자 속도대로 즐겁고, 가볍게, 어제보다 조금씩 성장하고 있다면 그것으로 충분하다.

"저 사람이 운동 30분을 하고 있잖아."

"나는 계단 3층 한 번도 힘든데, 저 사람은 매일 계단 100층이라니…."

그런 마음을 가질 필요가 없다. 각자의 상황과 성향에 맞게, 가볍고 즐겁게 하면 꾸준히 지속하는 기쁨도 맛보게 된다. 단번에 끝낼 습관이 아니라면, 살아가면서 몸속으로 서서히 스며드는 습관으로 만들면 금상첨화다. 그러면 절대 포기하지 않을 수 있으니 말이다. 누군가 "이런 방법이 좋더라."라고 해도 나에게 맞지 않는다면 좋은 전략과는 거리가 멀다. 누가 뭐라 해도 내게 맞는 전략이 최고의 전략이다.

 습관은 끊임없이 실행 반복해서 꾸준히 이어가야 하고, 자신을 옳고 좋은 방향으로 조금씩 변화시켜줘야 한다고 생각한다. 그런 면에서 아주 작은 습관은 나다움을 만들어주는 도구이다. 습관을 길들이다 보면 자신에게 맞는 습관, 맞지 않는 습관으로 알아서 나눠진다. 내게 맞지 않는 습관은 이런 것이다. 거부감이 들지 않을 정도의 크기인데도 실패하거나 까먹는 습관도 있다.

 내게는 영어 회화가 그런 습관이다. 분명 작은 목표를 가지고 꾸준히 했음에도 어느 순간 흔적도 없이 사라졌다. 가만히 생각해보면 내가 꼭 필요해서 하는 것보다 여전히 타인의 시선으로, 있어 보이고자 하는 의도에서 시작했다. 남에게 잘 보이는 것이 꼭 나쁜 것은 아니지만 보통의 경우, 타인에 의해 시작된 습관은 진짜 자신이 필요한 것인지 아닌지 알 수 없을 때가 많다. 그래서 실패할 확률도 크다. 만약 남이 아닌 나 자신의 본질에 가까운 의미를 찾고, 즐겁고 가벼움으로 지속했다면 오히려 쉽게 영어를 접할 수 있었을지도 모르겠다.

 반대로, 너무 생소하고 낯설어 금방 포기할 것 같은 습관이 의외로 끝까지 이어지는 습관도 있다. 운동 습관이 그랬다. 운동 습관은 극도로 피하고 싶지만 살아가면서 중요하고 꼭 필요한 습관임을 깨달아 시작했다. 그래도 건너뛸 수 있다면 건너뛰고 싶은 습관이다. 그러니 습관의 목표는 아주 작을 수밖에 없었다. 그냥 진도나 변화의 기대 없이 작은 움직임만 반복할 뿐이었다. 어떤 기대조차 없었다. 그런데도 운동 습관은 사라지지 않았다. 기대 없이 5년 이상 이어갈 뿐인데 어느 날부터는 조금씩 습관으로 단단해지고 커지기 시작했다. 도전도 두렵지 않은 단계로 변해가더니 거부감보다는 재미가 생겨나기 시작했다. 낙숫물이 바위를 뚫는다는 것이 이런 것일까. 어떤 것은 쉬워도 금방 사라지고, 어떤 것은 어려워 금방 사라질 것 같은데 오랫동안 이어가는 습관이 되었다.

남이 아닌 나 자신에게 관심을 가지고 길들이다 보면 내게 맞는 속도와 방향으로 향해간다. 거부감이 들고 억지스럽고, 무언가 강요를 당연시하는 습관들은 당장 며칠의 변화는 있을지 몰라도, 끝까지 자리 잡지 못한다. 거창한 기대 없이 최소한의 움직임을 끊임없이 해나가는 것, 스스로 달래며 격려하고, 자책보다는 있는 그대로 믿어주며 사랑하는 것이야말로 '나답게 변화'할 수 있는 습관이 된다.

하루에도 수백 건 SNS을 통해 타인의 삶을 마주한다. 타인의 삶과 습관을 바라보면 건강하고 당당한 그들을 당장이라도 따라 하고 싶을 정도로 부럽다. 그러나 부러움도 잠시, 내게는 아주 작은 습관이 있다. 나를 있는 그대로, 나의 속도대로 '지수경답게' 만들어주는 작은 습관 덕분에 세상에서 가장 아름다운 '내'가 된다.

백만 불짜리 습관이 아니면 어때?

"기본적으로 사람은 다르게 타고난다. 그것을 인정하지 않고 무
조건 뜯어고치려다가는 '아침형 인간' 또는 '외향적인 사람'의 시
행착오에 빠진다. 자기계발보다 중요한 것, 그것은 '자기 발견'
이다."

– 《나무늘보처럼, 슬렁슬렁》

20대 때 맹신하듯 들고 다닌 책이 있다. 브라이언 트레이시의《성
취심리》,《백만 불짜리 습관》이다. 이해되지 않는 부분이 많았지만,
줄을 쫙쫙 그으면서 저자와 같은 삶을 살고 싶어 그가 말하는 대로의
습관과 행동을 본받으려 노력했다. 그의 책 중《백만 불짜리 습관》은
두 권이나 사 모을 정도로 귀하게 생각했다. 백만 불이라는 가치를
높여줄 것 같은 기대감을 담아서 말이다. 백만 불이라… 얼마나 대단

한 습관이면 백만 불짜리 가치의 습관이 될 수 있을까? 읽고 줄을 치면서 적용하려고 했다.

좋은 내용과 달리 내가 적용하기도, 근접하기도 쉽지 않은 것들이었다. 확언도 하고 명확한 목표를 가지고 집중해봐도 일주일도 채 못가 다시 흐트러지는 일상을 보며 '나랑 저 사람은 달라.' 하고 자포자기했다. 분명 어떤 사람들은 성공자의 습관을 따라서 성공하는데, 나는 왜 안 되는 것일까 자책해봤자 괴로움만 생길 뿐이다. 스스로 이미 '나약하고 저질 체력에 끈기가 없는 사람'이라고 판단해버렸다.

'어차피 해봤자 성공할 수 없는 사람이 나지 뭐.' 마음속으로는 백만 불짜리 습관을 가지고 성공해서 당당하고 에너지 넘치게 살고 있었지만 현실은 그럴 수 없다고 부정했다. 마치 키가 닿지 않는 곳에 매달려 있는 포도를 보며 지레짐작 '저 포도는 시어서 맛이 없을 거야.' 단정지었던 여우와 같았다.

치열하게 살면서 자신을 단련시켜 성공한 사람들의 성공담을 좋아한다. TV나 성공담을 담은 책을 보면, 그런 사람들에게는 '성공할 수밖에 없는 강인함'이 있다는 것을 알게 된다. 절박함이 무기가 되어 치열하게 변화하는 사람들에게는 나약한 나 자신이 겪는 고통이나 어려움은 아무것도 아닌 것들이 많다. 아직도 생각나는 책 제목이 있다. 《벼랑 끝에 나를 세워라》이다. 벼랑 끝에 나를 세우는 기분이 어떨까. 죽을 만큼 절박하면 벼랑 끝에 나를 세워 자신을 변화시킬지 몰라도, 두려움 많고 의지가 약한 사람이라면 근접하기 쉽지 않을 수도 있겠다.

그렇게 길들이고 싶었던 백만 불짜리 습관을 가질 수 없었다. 그제야 나는 인정했다. 사람마다 각자 맞는 습관을 길들여야 함을…. 나는 백만 불짜리 습관을 점프하듯이 뛰어오를 에너지, 의지 자체가 없다는 것을 인정했다.

아무리 좋은 습관이라고 해도 내게 맞지 않으면 소용이 없다. 사람마다 상황과 체질, 성격, 환경 등등이 다르기 때문에 아무리 좋은 습관이라 해도 적용이 달라질 수 있다. 한 번도 운동하지 않는 사람에게 당장 나가서 하루에 30분 걷기를 하라고 하면 어떨까. 몇 번은 어떻게 해서라도 할 테지만 계속 지속하며 이어갈 것인가는 미지수이다. 운동을 극도로 싫어하는 내 상황에 대입하면 대답은 "노"다. 그럴 때는 30분보다 더 적은 시간을 들여 시작하고 지속하는 편이 훨씬 낫다. 2분의 운동이면 어떨까? 운동 한번 하지 않는 사람에게는 아무리 멋진 백만 불짜리 습관이라 해도 소용이 없다. 어쩌면 백만 불짜리 습관을 길들이는 것보다 1달러짜리 습관이라도 꾸준히 시작하는 것이 훨씬 효율적이고 값지다.

"제가 제대로 하고 있는지 모르겠어요."

"하고는 있는데 결과가 잘 나지 않아요. 그렇다고 남들처럼 목표를 크게 잡는 것은 자신이 없고…."

"살도 빼고, 영어도 거침없이 하고 싶은데 항상 제자리걸음 같아요. 제 친구는 단호해서 그런지 5킬로그램 감량에 성공했거든요. 저는 매번 왜 이럴까요? 저 자신이 한심스러워요."

우리는 작은 습관을 길들이다 자꾸 남과 비교할 때가 많다. 변화가 잘 드러나지 않는 작은 습관을 길들이고 있을 때, SNS에 비치는 타인의 멋진 모습들, 매일 달리기 10킬로미터, 확언, 독서 1시간, 글쓰기, 저축, 경제신문 읽기, 감사일기, 새벽 기상, 운동 등으로 거침없이 변화하는 사람들을 보자니 오늘따라 자신의 습관이 그렇게 한심해 보일 수가 없다. 백만 불짜리 습관을 장착했다며 샘솟는 에너지를 뿜는 사람들 사이에 초라한 자신의 작은 습관이 보일 둥 말 둥 지속했다 사라졌다 한다.

가치를 매겨서 좀 그렇지만 백만 불짜리 습관만 좋은 것은 아니다. 1달러짜리는 하찮은 것일까? 전혀 그렇지 않다. 아무리 값진 습관도 자신에게 맞지 않으면 백만 불의 가치가 없어진다. 자신에게 맞는 아주 작은 것을 귀하게 여기고 공들이고 길들일 때 1달러의 습관도 백만 불짜리 습관으로 나아갈 수 있다. 작은 습관은 벼랑 끝에 설 필요도 없고 자신을 몰아서 변화시키지 않아도 된다. 준비도 되어 있지 않은 상태에서 거침없이 나를 몰아세우고 벼랑 끝까지 세워 변화시키는 전략을 썼다면 애초에 포기하고 결심만 반복했을지도 모른다.

백만 불짜리 습관이 아니어도 좋다. 각자에 맞게 습관을 잘 찾아 길들이는 것이야말로 백만 불짜리 습관이요, 나다움을 찾아주며 끝까지 지속하는 습관이야말로 값진 습관이 아닐까?

팔굽혀펴기 한 개를 말하면 사람들이 웃는다. 물 뚜껑에 물 부어 마셨다고 하면 귀담아듣지도 않는다. 1달러짜리 습관으로 나는 인생을 바꾸었다. 습관의 가치는 크기에 있는 것이 아니라 꾸준한 반복에 있음을 경험으로 알았다. 가끔 엄청난 성과를 거둔 사람의 이야기를 접할 때면, 마음속에서 욕망이 꿈틀거리기도 한다. 그럴 때마다 '생각'을 접고 '작은 행동' 하나를 실천에 옮긴다. 결국 나는 1달러짜리 습관으로 백만 달러 인생을 만들어가는 것이다.

습관 한 번 빠졌다고 자책할 필요는 없잖아

"스스로 자신을 인정하기 때문에 모든 세상이 그를 인정한다."

– 노자

아픈 아이를 간호하고 났더니 새벽인지, 아침인지 꿈속을 걷는 것 같다. 쪽잠을 잔 탓일까, 어딘가 모르게 으스스한 몸살 기운이 느껴지고 꿈속을 걷는 듯이 몽롱하다. 이런 날은 아무것도 안 하고 쭉 쉬고 싶은 유혹이 생긴다. 여태껏 잘 지키고 있는 습관을 건너뛸 수 없으니 되도록 같은 시간에 일어나 실행하려고 했지만 이번에는 도저히 지킬 수 없을 것 같았다. 성공적이었던 습관들을 여러 가지로 확장한 습관 때문에 신경이 조금 쓰였다. 그중 몇 개만 일단 해놓고 나머지는 쉬다가 하기로 했다.

아이를 챙기다 조금 쉰다는 것이 푹 쉬었다. 저녁 늦게서야 끝내지 못한 습관이 생각났다. 밖으로 나가 걷기를 했어야 하는데, 괜히 하루 못한 것이 신경 쓰였다. 지금껏 공들여온 행동보다 오늘 한번 못했다는 패배감이 생겨나 우울했다. '이런 것쯤 미리 할 수 있었을 텐데… 습관을 오래 한 사람이 이러면 되나…' 수첩을 펼쳐 실행하지 못한 이유와 반성을 쭉 나열했다. 습관을 오래 길들여도 이런 작은 허점이 생기면 그렇게 찜찜한 것은 어쩔 수 없는 일인가 보다.

아주 작은 습관은 실행하기 쉬워서 금방 해내고 또 해낼 수 있다는 장점이 있다. 앞에서 말했던 '아파도 해낼 크기의 정도'면 아주 쉽게, 금방 실행한다. 그럼에도 불구하고 습관을 할 수 없는 경우는 꼭 생긴다. 여러 이유가 있겠지만 나의 경우는 습관의 종류를 많이 늘렸을 때다. 습관을 지속하다 보면, 습관의 목표를 점점 크게 하거나 비슷한 습관끼리 가짓수를 늘려서 실행하고 싶어진다.

그전까지 독서 두 쪽 읽기가 잘되니 슬그머니 독서와 기록을 병행한다든지, 스트레칭, 호흡이 잘 되니 갑자기 좋다 하는 운동 종류는 모두 시도해보고 싶어진다. 요가 외에 걷기, 계단, 스쿼트 등 자연스럽게 확장시켰다. 같은 습관인데도 종류가 많으면 에너지가 분산되어 제대로 하지 못할 경우가 크다. 진짜 바빠서도 그렇지만 마음과 체력의 여유가 없을 때, 하고 싶은 의욕이 절반 이상이 훅 떨어져 습관을 빠지는 경우도 생긴다. 온갖 신경과 체력을 바치는(큰일, 가족행사, 아이 일…) 위와 같은 경우가 그렇다.

한 번 빠진 것이 신경 쓰여 계속 소가 되새김질하듯 되새겼다. 어떤 한이 있어도, 성공을 매일 빠짐없이 이어가야 된다고 생각했던 다짐에 바람이 빠진 듯했다. 나처럼 끈기 없었던 사람은 빈틈을 주면 안 된다고 생각했기에 대체 습관을 써서라도 이어가고 싶었다. 한 번이 두 번 되고, 두 번 이상이 되면 포기하기 쉬워질 테니 애초에 빠지는 일을 만들지 말자는 나와의 약속이었다.

그 약속을 깼으니 큰일이 일어나는 듯했다. 그런데 신기하게 아무렇지 않았다. 지금까지 꾸준히 이어와서 그런지 습관이 빠진 다음 날, 뒤로 미루거나 회피하지 않고 오히려 더 열심히 실행할 수 있었다. 한 번 빠졌다고 다음 날 습관이 사라지거나 실행이 힘들지 않았다. 한 번 빠진다고 '실패했다.', '다시 시작해야 한다.', '나는 역시 그런 사람이지.' 하고 판단할 필요가 없었다. 설령 연이어 습관을 빠진다 하더라도 자책할 필요가 없다. "스스로 자신을 인정하기 때문에 모든 세상이 그를 인정한다." 노자의 말처럼 우리 스스로 있는 그대로 자신을 이해하고 인정하는 것에서 시작하는 관대함이 다시 습관을 이어가게 하는 유연함을 가져다준다.

습관을 하는 멤버, SNS의 이웃으로부터 가끔 개인 상담이 온다.
"회사에서 안 좋은 일이 생겨서 기분이 좋지 않았어요. 그래서 주말에 조금 기분이 다운돼서 습관을 못 했어요. 그래서 그런지 더 기분이 좋지 않네요. 여태껏 잘해왔는데 그만 실패하게 되었어요."

"미라클 모닝을 잘했는데, 혼자 하니까 자꾸 게을러서 다시 제자리로 가버렸어요."

"환경이 바뀌어서 조금 힘들어서 그런지 만족스럽지 않게 습관을 해버려서 좀 우울해요."

"아파서 그냥 자 버렸어요. 다들 열심히 하는데 저만 못하네요. 이렇게 쉬운 건데도…."

고해성사하듯 자책의 한숨을 내뱉는다. 이유와 사정이 있어서 습관을 건너뛰게 되었는데 그동안의 잘한 것들보다, 하나 못한 것에 만족스럽지 않다는 반응이다. 우리는 열 번의 성공보다 한 번의 실패에 초점이 되어 좌절하며 자책한다. 실패만 한 사람도 끝까지 습관을 이어갈 수 있을까? 당연히 있다. 실패하면서 배우는 것이다. 실패에 자책하는 것이 아니라 그럴 수도 있다는 초연한 마음을 가지면 된다. 성공할 때보다 실패할 때, 자신을 더 자족하고 믿어준다면 한 번 못하든, 몇 번 하지 못해도 다시 시작할 수 있는 자신감이 생긴다.

'한 번 건너뛰었으면 어때? 다음에 다시 시작하면 되지. 그동안 꾸준히 해왔으니 한 번 건너뛰었다 해도 괜찮아.'

만약 이전의 상태로 돌아가도 낙담할 필요는 없다. 거기서 다시 시작하면 되니까. 큰 습관이든, 작은 습관이든 꾸준히 하지 못할 경우가 있다. 그럴 때는 지금까지 잘 이어온 것을 보고 아무렇지 않게 그냥 이어나가면 된다. 너무 심각하게 생각하지 말자.

그냥 포기하는 습관도 많았다. 실패한 습관이 나를 붙잡는 것 같아 저 멀리 던지고 새롭게 시작하고 싶었다. 거창한 계획을 다시 세워서 방향을 획 바꿔 생뚱맞은 곳에서 시도하기도 했다. 지나 보니 새로운 습관을 길들이는 것보다 실패한 습관에서 아주 조금만 방향을 수정해서 시작하는 것이 훨씬 편하다는 것을 알았다.

또한 하루 건너뛰었다는 자책감보다 지금껏 잘 이어온 나를 격려하는 것이 습관을 단단하게 이어가게 만든다. 나에 대한 믿음은 나를 배신하지 않는다. 나에 대한 믿음은 빠진 습관도 다시 이어가게 만든다.

일상을 살아가다 보면 쉽고, 작은 습관도 지키지 못하는 경우가 생긴다. 우리의 삶이 늘 계획표처럼 살아갈 수 없는 것처럼 아무리 작은 습관이라 해도 지키지 못할 때가 있다. 계획이 어긋나면 그 계획을 수정해서 다시 하면 그만이다. 한 번의 실패에 세상이 다 끝난 것처럼 슬퍼하며 자책하지 말자. 설령 이전의 상태로 돌아갈지라도 낙담할 필요는 없다. 실패에 초연하며, 아무리 작은 습관이라 해도 빠질 수 있음을 인정한다면 언제든지 다시 습관을 이어갈 수 있다. 자책보다 너른 마음으로 자신을 기다리며 믿어주는 것은 언제든지 다시 습관을 일으켜 세운다.

하루 더 유지하는 습관 기록 툴 쓰기

'어제 내가 계단 오르기를 하고 다시 스트레칭을 했었나?' '습관을 하면서도 불안하고 조급함이 드는 이유는 뭘까?' '어제와 똑같은 목표를 했는데도 발전이 없어 보이는 이유는 무엇일까?' 문득 이런 생각이 스칠 때가 있다. 분명 SNS상으로 한 달 습관을 기록하고, 일기로 하루를 마무리했는데도 그날이 그날 같고, 익숙함이 오래되면 전혀 발전이 없는 길을 걸어가는 느낌이다. 몸이 아플 때는 무엇 때문에 컨디션이 안 좋아졌는지 알 수도 없는 감정이 나락으로 떨어져서 하루를 무기력하게 만들려고 할 때도 있었다. 왜 그렇지? 분명 나는 열심히, 꾸준히 한다고 했는데 여전히 불안하고 지친다. 변화할 기미가 없어 보이는 행동을 반복하는 것이 지겹다. 감사보다는 남과의 비교로 자신이 초라하게 보이기도 했다.

아이가 공부를 하겠다며 책상에 앉는다. 제법 오랫동안 앉아 있어서 기특하다 생각했더니 하라는 공부는 하나도 하지 않고 딴짓으로 시간 낭비하고 있었다. 그렇게 하고는 "열심히 했는데 수학시험을 망쳤다."며 열심히 해도 잘 안 되니 공부 안 하는 게 낫겠다고 포기해버린다. 그럴싸한 핑계다. 그런데 분명 시간을 들여 열심히 했다는 행동을 가만히 파고들면, 딴짓과 하기 싫어 미루는 행동이 보인다. 집중하지 못하는 이유가 본인만 보이지 않는다.

아이를 보고 나서야 내가 하고 있는 습관을 깊게 되짚어봤다. 습관을 하면서 내가 무엇을 하고 있었나, 진짜 작은 습관에도 몰입을 하고 즐겁게 했는가. 같은 시간에 할 수 있었나… 등등 많은 것에 복기가 필요했다. 기록이 필요했다. 기억은 왜곡될 수 있으나, 그날의 기록은 기억보다는 덜 왜곡될 테니까….

코로나로 집콕을 한 뒤에 살이 찌지 않을 거라는 내 체질을 비웃기라도 하듯 계속 체중이 불었다. 늦게 먹은 야식 때문에 붓기는 살이 되었을까. 하체 부종과 함께 고관절이 삐거덕거리기 시작했다. 작은 운동 습관으로는 폭식과 야식의 유혹을 이겨낼 수가 없었다. 더 깊이 파고드는 원인을 알아야 했다. 포스트잇 하나를 떼서 하루에 내가 어떤 습관을 하는지, 행동을 하는지 간략하게 적었다. 그중 제일 많이 하는 행동이 먹는 거였다. 무의식적으로 심심하거나 스트레스를 받을 때, 무언가를 입으로 쉴 새 없이 넣었다. 아니, 좀 무식하게 말하자면 입으로 먹을 것들을 쑤셔대고 있었다. 위가 쉴 틈을 주지 않은 채 계속 먹었다. 자기 전까지 먹었으니 소화가 안 되는 것은 물론이거니와 체해서 머리가 깨지는 편두통이 자주 생기게 되었다. '원인이 무엇일까?' 스트레스 받을 때, 심심해서 불안할 때 무조건 입으로 해결했다. 프로이트 이론에 나오는 구강기부터 해소되지 못한 것이 있나 아니면 욕심 많은 식탐 때문인지는 몰라도 입과 위에 쉴 새 없이 음식을 집어넣기 바빴다. 아이에게는 "엄마가 배가 부른데도 계속 먹는 것은 어떤 감정을 마주하기 싫어서 그럴지도 몰라." 핑계를 댔지만 그렇다고 원인이 개선되는 것은 없었다. 하루의 습관을 돌아보든 돌아보지 않든 간략하게나마 기록을 남겨볼 필요가 있다. "아침, 밥 공기, 국, 짠 반찬, 후식으로 과자…" 등으로 시작된 식단을 보니 위가 쉴 틈없이 음식을 수시로 먹고 있었다. 역류성 식도염과 연관이 있겠구나, 눈으로 직접 확인하고 나니 나의 몸과 관련된 습관도 다시 보였다. 기록으로 복기를 할 수 있으니, 눈으로 습관을 확인할 수 있고 다음의 습관을 어느 정도 조정할 수도 있다. 개선이 보이고 수정할 것들이 생기니 지루한 습관에 활기가 찼다. 좋은 방향이든, 나쁜 방향이든 어떤 습관이 되어가는지 추측도 가능해졌다.

습관의 기록이라 해봐야 별것 없다. 그저 하루 중 내가 어떤 행동을 자주 반복하는지 체크하는 것이다. 하루라는 시간을 어떤 것으로 사용하는지, 작은 습관이라 할지라도 힘들었던 이유는 무엇인지, 왜 발전이 없다고 느껴지는지, 매일 똑같은 습관을 어떻게 포기하지 않고 갈 수 있는지 등등의 문제점을 살피고 개선점을 실천하면 된다. 《아주 작은 습관의 힘》에서 말하는 '복기와 숙고'는 꼭 필요했다. 딴

짓을 많이 하는 경우에는 핸드폰의 카메라를 켜고 집중하고 싶은 순간에 나를 찍어보기도 했고, 타이머를 활용해서 순간의 집중도를 높였다. 무엇을 먹었는지 자기 전까지 자세하게 적었다. 폭식과 야식, 생각 없이 먹으면서 계속 의자에 앉아 있는 나를 기록을 통해 발견했다.

그때 이후로 음식 식단을 쓰고 음식을 먹었을 때 컨디션이 좋은지 나빴는지 살피며 조금씩 수정해갔다. 나는 밀가루를 먹거나 커피를 마시면 편두통이 자주 생겼다. 또한 차가운 음식을 먹으면 두통이 잦아졌다. 가만히 앉아서 작업을 많이 하는 날에는 목 디스크로 두통이 잦았고 다리가 부었다. 느꼈던 것을 기록으로 복기하지 않았다면 간과했을 것들이다.

소소한 운동과 스트레칭, 자세를 중요하게 느껴 커피 대신 카페인이 없는 차를 마신다. 앉아 있는 시간이 많으면 자주 걷거나 스트레칭을 한다. 여덟 시 이후의 야식 습관을 줄여나가고 있다. 자책 대신 그저 하루 중의 습관을 되돌아보며 어떤 방향으로 갈지 약간의 수정이 필요했다.

작은 습관이라 해도 티가 당장에 나지 않는 습관을 꾸준히 이어가는 것은 물론이고 올바른 방향으로 가고 있는지 알 수 있기 위해서는 기록만 한 것이 없다. "사람들은 세상을 바꾸기를 원하지만 아무도 자신을 바꿀 생각을 하지 않는다."는 톨스토이 말처럼 우리 자신을 되돌아보고 복기하는 것만큼 중요한 일도 없다. 나는 메모를 좋아해서 부담이 없지만 처음 시작하는 사람들은 기록도 귀찮을 수 있다는 점을 염두에 둬야 한다. 자신에게 맞는 작고 쉬운 기록 방법을 찾아야 한다. 가령, 달력에 잠시 적는다든지 사진으로 찍어서 기록한다든지, 아예 습관 노트를 따로 사용해서 습관을 다뤄보는 것도 괜찮다.

《기록형 인간》에서는 "기록을 이용한 시간 관리로 자신의 인생을 정말 중요하고 원하는 일에 집중하며 살 수 있게 해준다."고 알려준다. 기록은 우리의 시간과 함께 습관을 잘 관리할 수 있게 해준다. 기록이 없었다면 아주 작은 습관이 어떻게 변화되어 가는지, 나 자신에 맞게 잘 되고 있는지 알 길이 없었을 것이다. 습관 기록 덕분에 내게 맞는, 건강하고 기분 좋은 습관들로 재배치하며 이어가고 있다.

아래의 표는 내가 사용하는 기록 툴이다. 처음부터 다 채우지 않고 한 칸씩 채워갔다. 한 달마다 실천하고 채워가는 것을 보면 실행하고 끝난 것보다 조금 더 뿌듯함이 오래 간다. 그 누가 뭐라 해도 내가 하는 습관이 최고라는 것을 항상 잊지 않으며 습관을 유지하는 나 자신에게 칭찬을 아끼지 않으면서 오늘도 작은 습관을 기록하며 복기한다.

202 . .

오늘의 할 일	확언

오늘의 목표	습관 레시피
	나는 _____ 후에 _____ 을 할 것이다.

식단 관리	수면시간	나에게 칭찬	습관 실행 후 감정
아침- 점심- 저녁- 간식-			

아무메모(독서,낙서,아이디어)	감사일기

* 나만의 지속하는 습관 기록 쓰는 방법

173

첫째, 실행할 3가지 습관을 고른다.

나의 경우 건강, 생산성, 메모 습관을 정해서 하루 중에 실천하고 기록했다. 건강이 좋지 않으면 원하는 것을 하고 싶을 때 할 수 없어서 서러울 수도 있기에 건강 습관을 우선 습관으로 두었다. 다음은 생산성 습관 즉, 습관을 해서 결과물이 조금이라도 보이고 일이나 자신이 관심 있는 분야에서 성과, 생산을 낼 수 있었으면 하는 생각에 생산성 습관을 넣었다. 작가로서의 글쓰기, 취미지만 나를 행복하게 만드는 그림 그리기 같은 것을 생산성 습관으로 넣었다. 마지막은 독서다. 습관이 된 분에게는 굳이 넣을 필요가 없을 테지만 기본적으로 사람을 변화시킬 수 있는 가장 빠르고 저렴한 방법은 책읽기라도 보기 때문에 세 가지를 습관으로 골랐다. 어떤 사람은 미라클 모닝, 핸드폰 끄기, 아침 건강 주스 마시기, 이불 개기, 영어 회화 등 자신에 맞는 것을 고르면 된다.

둘째, 3가지의 지속이 잘 된다면 하나 정도 추가해서 할 수 있지만, 하다 말다를 반복하는 사람이라면 한두 개라도 지속하며 끈기를 찾아야 한다.

나 역시 별것 아닌 물 마시기 습관으로 다른 습관까지 스며들게 되었으니 작다, 하찮다 말고 꼭 작은 것에서 실행해보면 좋겠다.

셋째, 규칙적이게, 일정한 시간을 뺀다. 10분 정도면 가능한 시간을 들쭉날쭉 빼는 것이 아니라 학교 가듯이, 회사에 가듯이 중요한 일처럼 시간을 빼는 것이 좋다.

그렇지 않으면 밤늦어서야 작은 습관이 생각나서 '아이쿠, 오늘 습관 빼먹었네. 내일 하지.' 미루거나 '이것도 못 하는 거 보면 난 역시 안 되는 사람이야.' 자책도 보너스로 올라올 때가 많기 때문이다.

넷째, 습관 기록 툴을 훑어서 자신에게 맞는 칸에 적어 내려간다.

경험상 아침과 저녁 마무리에 확인하면 더욱 효과가 있다. 오늘의 할 일을 적고, 습관을 몇 회 할 수 있는지 예상해본다. 부정적인 사고를 지니고 몸을 사용하지 않았던 사람은 조그만 어떤 일이 일어나도 부정적인 습관에 빠질 때가 많다. 그래서 확언을 통해 자신의 잠재의식에 긍정적인 기분을 넣어본다. 기분이 좋다면 습관 레시피에 습관을 언제 할 것인지 적어보는 것도 좋다. "나는 물을 데울 때 스쿼트 20개를 할 것이다." 이렇게 적어도 안 되는 날이 있지만 적고 확인하면 그냥 지나칠 때보다 할 확률이 크다.

중간의 칸은 식단, 수면, 습관 실천 뒤에 따라오는 감정을 적는 칸이다. 자신에 대한 칭찬도 빠지지 않는다. 앞에서도 언급했듯이 무의식적으로 입에 넣는 습관으로 두통이 생기고 가만히 앉아 다리가 붓는 습관을 줄이며 변화해보고자 식단, 수면 등을 상세히 적었다. 덕분에 야식, 폭식을 줄이고 자극적인 음식을 많이 줄여 나가고 있다. 위가 편안할 때 두통도 덜 생겼다. 기록들을 통해 좋은 점은 나 자신을 깊이 탐구하고 나를 위한 맞춤 습관으로 되어간다는 것이다.

다섯째, 내게 칭찬하기, 감사일기 쓰기 등을 통해 잃어버렸던 자신에 대한 믿음과 사랑을 찾을 수 있다.

아주 작은 습관의 실천과 함께 병행하면 효과가 배가 된다는 것을 꼭 경험해봤으면 좋겠다.

불안합니까? 그럼에도 ING 하는 힘

육아서를 읽다가도 잘 키우는 사람들의 경험담을 들으면 오히려 마음이 불편하고 불안해졌다. 문제는 아이가 아니라 내 마음이 문제였다. 워낙 부정적인 성향이 강한 탓이라 오래된 습성들이 조금만 방치되면 쓰나미가 일듯이 밀려 올라온다.

우리 앞에 나타난 환경은 사실 외부에서 어떤 생각과 강하고 꾸준한 감정 등이 반복되어 현실 앞에 나타난다고 한다. 그때 공통점인 감정은 대부분 불안, 두려움, 걱정과 같은 것이다. 어떤 상황을 누군가는 멀리 내다보고 긍정적인 부분을 찾는가 하면 나는 당장의 앞일에 대해 걱정하고 두려워했다. 사실 학교를 잘 다니고 있는 아이에게도 걱정과 일어나지도 않는 일에 두려움의 감정을 넣을 때가 많다. 아이도 나를 닮아 그렇게 자라나는 것은 아닌지 염려가 될 때가 있다 (알면서도 꼬리를 무는 부정적 감정을 끌어올렸다).

내게는 불안이나 두려움은 어려서부터 쌓아서 굳어져버린 감정 덩어리다. 파충류의 뇌가 유독 나 같은 예민한 사람에게 더 미세하게 작동해서 위험 감지를 알려주는 것일지도 모르겠다. 그런 불안이 습관을 할 때도 자주 나타난다. 열심히 한다고 하지만, 뭔가 당장 달라지지 않는다고 생각했을 때, 몇 년을 하는데도 건강이 더 나빠지거나 감정 정리가 되지 않을 때, 생산적으로 성과가 없어 보일 때… 등등 여러 가지 요인들이 불안으로 몰아세울 때도 있었다.

습관화를 함께하는 멤버들 중에도 습관화를 하면서도 불안을 느끼는 이들이 의외로 많다. 조급증 때문에 걱정을 내비치며 "저 할 수 있을까요? 꼭 이번에는 공부 습관을 가져서 시험에 합격해야 하는데요." 하며 서두르기도 한다. 습관을 실천하면서도 '끈기가 없는 내가 이렇게 끈기 있게 이어간다는 게 말이 안 돼. 언젠가는 사라지지 않을까?' 불안에 떠는 사람도 있다.

너무나 잘하고 있는데 본래의 모습으로 돌아갈까봐 미리 실패를 걱정하고 있다. 아니면 습관을 잘 이어가다가도 당장 변화가 보이지 않게 되면 불안에 떨며 말한다. "내가 잘못하고 있는 게 아닐까요? 다시 시작해야 할까 봐요." 자신을 책망한다. 불안은 누구나 있는 것인데 그 불안을 크게 만드느냐 대수롭지 않게 만드느냐에 따라 달라진다. 무언가 하지 않으면 불안하고, 하고 있어도 불안한 사람이니 말이다.

아주 작은 습관을 실천하면서 처음으로 끈기로 인한 자신감이 생겨났다. 그렇지만 불안이 없어지는 것은 아니었다. 어떤 날은 날아갈 듯이 자신감이 충만해서 몇 날을 강도 높은 운동과 몇 시간 몰입해서 글을 쓸 때도 있지만, 어떤 날은 그렇게 열심히 해도 오히려 몸이 나빠지거나 마음이 나약해져서 게으름으로 하기 싫은 날도 생겼다. 공든 탑을 언제까지 쌓아야 하는지 회의가 들 때도 생겼다.

다만 작은 습관을 실천하면서 달라진 점이 있다면, 불안이라는 감정에 대해 더 이상 숨거나 그로 인해 포기하는 일은 없어졌다는 것이다. 가끔 "습관화를 해야 하는데 자꾸 빠져서 걱정이다."며 습관을 못해서 인생이 다 망한 것처럼 자책을 하는 이도 있다. 그런가 하면, 습관을 아예 단시간에 뿌리 뽑을 생각으로 시작했다가 생각처럼 잘 안되어 더 불안에 휩싸이기도 한다.

불안을 없애려고 습관에 집착하거나 상황에 따라 예기치 않은 일로 하지 못했다는 마음의 얽매임은 오히려 습관의 지속을 방해했다. 오히려 그런 불안들을 무관심하게 놓을 때 습관도 마음도 홀가분하게 앞으로 나아갈 수 있다. 예전 같으면 철저히 규칙에 따르고 습관의 목표에 맞췄을 것이다. 하지 못했을 때는 자책하며 나를 끼워 맞추려고 했을 테지만 이제는 그렇게 하지 않는다.

여전히 남들보다 뒤처질까 두렵고, 습관을 길들이는 데도 건강하지 않거나 목표와는 다른 방향으로 가는 날이 길어질 때면 불안감이 엄습하기도 한다. 불안에 떠다 한들 나아지는 것은 없다. 다른 방법을 찾아서 '다시 시작하면 괜찮아질까?' 하는 유혹도 잠시, 내가 할 수 있는 작은 습관으로 돌아온다.

어차피 다른 방법을 쓴다 한들 습관처럼 따라다니는 불안이 금방 없어질 리는 없다. 《왜 나는 항상 결심만 할까?》 책에서는 "부정적인 생각을 억누르려고 하면 할수록 우울증이 심해질 가능성이 높다는 연구결과를 보여준다."고 알려준다. 극도로 긴장하고 두렵거나 걱정이 많은 감정 앞에서는 어떤 것도 제대로 할 수 없다. 우리는 불안하더라도 오늘 하루, 작은 습관을 그냥, 묵묵히 길들여가는 수밖에 없다. 불안에 떨며 아무것도 하지 않을 바에는 불안하지만 아주 작은 습관을 실행하면서 불안해하는 것이 훨씬 실용적이지 않을까?

지나온 습관들의 행적을 보면 불안하거나 부정적인 감정이 생기더라도 '그냥' 해나가다 보니 불안과 같은 부정적인 감정에 의연해지는 것을 느꼈다. 이런 불편한 감정을 마주할 수 있는 힘도 다 자잘한 작은 습관 덕분이다. 작은 행동 덕분이다. 작게라도 실행하고 반복하지 않았다면 느껴보지 못할 힘이다. 작고 작은 습관을 이어가고, 쉬어가는 미세한 과정에도 여전히 좋은 습관 ING이다.

"경험을 쌓아도 불안은 사라지지 않는다. 불안과 함께하는 수밖에 없다."는 영화배우 오스기 렌의 말처럼 우리는 불안을 몰아내려고 애쓰는 것보다 불안을 인정하면서 어떤 작은 행동을 하는 것이 훨씬 실용적이다. 아주 작은 습관은 그런 면에서 아주 작기 때문에 그냥 할 수 있는 좋은 전략이 된다. 불안할 때 매일 할 수 있는, 아주 짧은 호흡, 감사 몇 줄, 명상 1분, 산책 몇 분, 독서 몇 장의 반복이 우리의 불안을 마주하게 할 힘을 가져다준다.

매일 아침 계단을 오르며, 매일 밤 걷습니다

지하철 계단을 보면 어디에 엘리베이터가 있나 두리번거리기부터 했다. 몸이 불편한 양 할아버지, 할머니 틈에 끼여 눈치를 보며 어깨를 톡톡 두들겼다. 바빠서라기보다 귀찮아서였다. 계단만 보면 숨이 턱턱 막히고 귀찮음에 불이 켜졌다. 팔팔 날아다녀야 할 20대에도 나는 희한하게 지하철 계단 오르는 것이 너무나 힘들었다. 다리가 쇠붙이처럼 무거워 하나를 떼서 또 다른 한 다리를 올려놓고 걸어가는 일이 쉽지 않았다. 지금 생각하면 한창 몸이 안 좋았던 때라 무기력증이 있었던 것은 아닌지, 아니면 근육에 문제가 있었던 것은 아닌지 의문스럽기까지 한 날들이었다.

이제는 계단을 보면 서슴없이 성큼성큼 올라간다. 힘들지도 않다. 며칠 전 경주 여행을 다녀왔을 때도 울퉁불퉁 계단을 올라가는 일이 고된 일이 아니라 상쾌하고 개운한 일임에 감사한 감정까지 솟아났다. 그렇게 변하기 전의 나는 이랬다.

피아노를 쳐서 그런지 상체는 유연하지만, 하체는 뻣뻣하게 굳어 유연성이란 눈을 씻고 봐도 없었다. 요가를 배울 때도, 상체는 너무나 완벽한데, 하체가 너무 굳었다며 귀에 딱지 앉을 정도로 지적받았다. 하루종일 앉아 있으라고 하면 몇 박 며칠도 가능하지만 다리를 쓰고 움직이고 걸어다니며 올라가는 것을 하라면 그렇게 귀찮을 수가 없었다. 오죽하면 아이와 놀이터에서 '어떻게 하면 몸을 안 움직이고 놀아줄 수 있을까?'를 궁리하며 몸을 사렸을까?

장시간, 장기간 앉아 있다 보니 다리가 붓기 시작했고 골반의 통증도 생기기 시작했다. 통증이란 것이 남들에게는 보이지 않지만 자신에게는 굉장히 미묘하게 기분 나쁘고 신경 쓰이는 일이다. 작게 매일, 스트레칭하고 복식호흡을 하면서 굳은 몸에 기름칠을 했다. 누군가에게는 쉬운 행동이었지만 내게는 매우 힘든 일이었다. 어찌 되었든 0.000001밀리리터로 기름을 뿌리기 시작했다.

몇 개월이 지났을까? 몸을 움직이는데 거부감이 들지 않았다. 처음에는 한쪽 다리를 펴서 몸을 숙이는 동작을, 시간이 지나면서 고관절의 자세를 바르게 하는 동작을 유튜브를 통해 매일 아침, 저녁으로 실행했다. 신기한 게 그렇게 고역 같은 동작이 그제보다 어제가, 어제보다 오늘이 더 유연해졌다는 것이다. 작게라도 꾸준히 하면 안 되는 건 없나 보다.

코로나로 인해 바뀐 건 집콕, 온라인 세계뿐만이 아니었다. 알지 못하는 사이 건강하지 못하게 변해버린 내 몸도 있었다. 자잘한 스트레칭을 짧게 해도 다리가 붓고 저렸다. 다가올 50을 대비하기 위해서라도 자잘한 스트레칭을 한 단계를 올려줄 무언가가 필요했다. 아주 작은 습관의 초과 달성을 길게 할까? 다른 것을 몸에 맞춰 시도해 보아야 하나 고민이 들었다.

문득 책이나 의학 정보 TV에서는 걷기나 계단 오르기가 좋다는 게 생각이 났다. 예전에는 나이 많은 어르신이나 하는 것이라고 생각하고 배제했는데 그럴 것이 아니었다. 생각해보면 가끔 하는 걷기, 산책은 이번 상황들이 많이 생겼다. 비가 오거나 더울 때는 나가기 꺼려 한다는 생각이 들자 문만 열면 바로 실행할 수 있는 계단 오르기는 어떤지 궁금했다. 가끔 편두통 때문에 동네의원에 가는데, 거기 의사 선생님이 점심시간만 되면 계단을 올랐던 게 생각이 났다. '분명 좋으니까 계단을 오르는 거 아니겠어?'

그때부터 계단을 올랐다. 계단 오르기의 효과는 의외로 괜찮았다. 건강채널에서 말하는 운동 효과는 대략 이런 것들이었다. 계단 오르기는 무산소와 유산소의 결합으로 허리둘레를 줄이고, 중성지방 수치, 혈압, 혈당 수치를 낮추고 심폐기능 강화, 하체 근력의 향상 등이 있다. 하체 근력이라… 내가 원한 운동의 종합세트였다.

문제는 미루기와 시간이었다. 문만 열고 나가면 될 것 같았던 계단 운동은 자꾸 밍기적거리거나, 핑계를 대며 서성거렸다. 마스크를 쓴다 해도 이웃과 부딪힐까 화장은 해야겠고, 그러다 보니 여러 가지 귀찮음이 올라왔다. 그 해결책으로 아이가 나서는 아침 시간에 같이 나가서 아이와 인사하고 나는 바로 계단을 올라갔다. 의외로 쉬운 해결책이었다. 설령 아이가 나가지 못하는 날이나 내가 사정에 의해 늦게 나가는 날에는 '한 층만이라도 하자'는 마음으로 가볍게 나갔다.

또한 시간의 문제는 어떻게 할까? 30분 이상을 하라고 하는데 처음 계단을 호기롭게 걸을 줄 알았던 계단은 1층도 못가 또다시 귀찮음이 생겨나기 시작했다. 고관절도 더 아픈 것 같고, 마스크 낀 상태로 오르는 일은 숨이 찼다. 7층에 사니까 7층까지 오르기로 하고 시작한 첫날의 계단 오르기는 도저히 못할 것 같아 3층으로 목표를 낮췄다.

'그래, 아주 작은 습관도 쉽게 시작하니까 이렇게 꾸준히 할 수 있었지? 내 다리와 몸이 익숙해질 때까지는 아주 쉽게 시작하는 거야.' 그런 마음을 가지니 못 한다는 생각보다 시작을 해냈다는 생각이 가득 찼다.

2020년 7월에 시작했던 계단 오르기 3층까지 1번은 어느새 7층 1번으로 지속되었고, 지금은 7층까지 3번~6번을 매일 하고 있다. 물론 아프거나 일이 굉장히 많은 날은 한 번으로 그치기도 한다. 7층까지 6번을 올라가고, 내려올 때는 엘리베이터를 타고 온다. 딱 30분이 걸린다. 6번을 끝내면 이마에 땀이 송글송글 맺힌다. 지금 생각해도 놀랍다. 귀찮아서 엘리베이터를 찾던 내가 계단을 오르게 되고, 부담스러워하지 않게 되었다니 믿을 수가 없다. 1년 11개월 동안 오르고 있다. 아침에 계단 오르기를 하게 되었고 날씨와 많은 이변이 있는 '걷기'까지 활동 범위를 뻗어나갔다.

계단 오르기의 다리 움직임이 어느 정도 익숙해졌기에 이제는 '걷기'에 나섰다. 걷기는 갱년기, 중년 대비를 위해 시작한 운동이다. 2021년 9월 11일에 시작해서(코로나에 걸려, 몇 번 빠진 것 빼고) 지금까지 빠짐없이 실행하고 있는 습관이다. 1시간 걷기가 귀찮지 않았던 이유는 약간의 절실함이 더해졌기 때문이고, 그동안의 계단 오르기로 예열 연습이 되었기 때문에 수월했다. '귀찮다'라는 마음이 들지 않게 기분이 좋았고, 이 운동을 하면 얻게 되는 이득을 먼저 상상하며 시작했다. 특히, 가기 싫고 빠지고 싶은 날에 감정을 넣지 않고 '그냥' 나서는 것이 포인트였다. 그렇게 시작한 걷기는 매일 밤 1시간씩 마무리의 리추얼이 되어버렸다. 멀게 느껴졌던 산책길이 익숙해지고 이제는 너무나 가깝게 느껴진다. 걷기로 인해 집콕해서 쪘던 3킬로그램을 자연스럽게 감량했고 혈압도 다시 제자리를 찾았다.

예전에는 두 다리를 움직여 무언가를 한다는 것이 참 힘든 일 중 하나였다. 되도록 앉고 싶고, 눕고 싶은 마음이었으나 이제는 조금의 근력이 생겨났다고 할까? 설거지도 바로, 책장 정리도 바로, 발이 빨라진 느낌이다. 계단을 혼자 오르고 걷기를 하다 보면, 멍 때리며 무념무상도 되고, 살아 있기에 이렇게 움직일 수 있구나 감사함도 생겨난다.

건강에 큰 변화는 없지만 스쿼트를 하면 조금 버티는 근력이 아주 미세하게 늘어났고, 집에서 스트레칭할 때보다 조금 더 생기를 얻을 수 있다는 것이 마음에 든다. 정체된 에너지를 확 털고 온 느낌이 들어 개운하기까지 하다. 두근거리는 심장을 손에 대고 있으면 살아 있음을 느낄 수 있는 고마운 순간들이다. 혈액순환, 고관절, 갱년기 건강 등으로 시작한 작은 행동이지만 살아 있음, 감사함, 근력, 칭찬, 개운함, 편리함 등을 다양하게 느낄 수 있어서 더욱 소중하게 느껴진다.

혹시, 운동과 담쌓은 사람이 있다면 자신이 쉽게 할 수 있는 운동의 아주 작은 기초부터 정해보자. 우리 가까이에 있는 것부터 시작하면 좋다. 호흡도 좋고 짧은 스트레칭, 국민체조도 좋다. 계단은 특히 근력과 유산소에 아주 좋은 운동이다. 계단이 있는 사람이라면 계단 1층 한 번도 좋다. 그저 나가서 시도하는 몸을 익숙하게 만들면 언젠가는 3층 아니라 10층 이상도 올라가게 된다. 반경을 넓혀 걷기도 자연스러워진다.

계단이 없거나 나갈 수 없다면 구석 빈자리에서 제자리걸음이라도 걸어보라. 아주 작게 시작한 행동 속에 조금씩 건강하고 단단해지는 자신을 발견할 것이다. 매일 살아 있고 가슴 뛰게 만드는 삶을 살 수 있는 것은 아주 작은 습관, 아주 작은 한 걸음 덕분이다.

무기력한 내 생활을 아작 내다

결혼 전 일이었을 거다. 일거수일투족을 간섭하는 원장 선생님이 싫어 피아노 학원 일을 그만두고 몇 달간 쉬었다. 부당한 일에 한마디 말도 못하고 참다가 결국 억울함이 치밀어 동굴로 숨어버렸다. 그 사이 위가 탈이 나고, 여러 가지 잔병과 스트레스로 여기저기 안 아픈 곳이 없었다.

계속 누워 있던 몇 주가 지났을까? 아플 때는 그만두고 싶던 일이 하지 않으니 불안으로 다가와 나를 다그쳤다. 몸은 따라주질 않았고 남들과 비교만 엄청나게 할 때라 조바심으로 나를 몰아세웠다. 걱정 가득 생각과 달리 몸은 일어나고 싶지 않았고, 움직이기 싫었다. 모든 것이 짜증 날 정도로 부정적인 생각이 가득했다.

잠 속으로 회피하고 싶었던 모양이다. 희한하게 몸을 꿈쩍도 하지 않아서 그랬는지 몸이 침대 속으로 빨려 들어가는 듯한 무기력증까지 오게 되었다. 마음이 그렇게 되었는지, 몸이 그런 행동을 해서 무기력증이 생겼는지는 알 수 없으나(둘 다 연관이 있겠지만) 내 추측으로는 몸을 움직이지 않으니 머릿속의 생각은 오만가지로 가지를 뻗어 걱정, 두려움을 만들어 버렸다. 나를 더 무기력하게 만드는 것 같았다. 아주 작은 행동조차 할 수 없을 정도로 귀찮거나 하기 싫었다.

"에구, 큰일이다. 왜 그래 약해 빠졌노?"

걱정이랍시고 내뱉는 친구의 말은 아무런 위로가 되지 않았다. 움직여야 하고 강해져야 하는 것도 알지만 몸과 마음이 그럴 수 없었다. 건강하고 활기찬 사람이 보기에 게으른 사람이라 판단할지도 모른다. 문제에 대해 심리적 방어나 회피가 숨겨져 있는 복합적인 원인이 많았다.

내가 조금씩 무기력에서 벗어날 수 있었던 것은 그저 조금이라도 움직였던 행동이었다. 손가락, 발가락을 꼼지락거려서 몸을 움직여 보았다. 아무것도 하기 싫고 무기력할 때는 "일단 걸어나 보자." 아버지의 말대로 조금이라도 일어나 몸을 움직이면 한결 나아졌다. 단번에 무기력이 사라지거나 고쳐지는 것은 아니지만 어찌 되었든 침대나 방바닥에 퍼지고 있는 것보다 조금이라도 움직이고 걷고 몸으로 행동하면 훨씬 귀찮음이 덜했다. 이런 경험은 지금도 가끔 찾아오는 무기력을 잘 다루게 되어 나 자신을 다독인다. 몸을 움직이는 것이 서툴지만 자주, 많이 몸을 움직이려고 신경 쓰는 이유도 다 무기력 때문이다.

작은 습관을 실천하기 전에는 내 생활 대부분은 움직임이 거의 없는 생활이다. 오랫동안 책상에서 작업하거나, 피아노를 치는 것 아니면 침대에 잠시 기대어 책을 본다. '서면 앉고 싶고, 앉으면 눕고 싶고, 누우면 자고 싶다.'라는 말이 딱 들어맞는다. 앉고, 눕기를 번갈아 하던 삶에 익숙했다. 고민을 회피할 거리가 생길 때도 귀찮음이 붙게 되었고 미루는 일이 잦아졌다.

그런데 희한하게 머릿속은 그렇지 않았나 보다. 머릿속은 LTE 속도를 내어 '이것도 하고, 저것도 해야지.' 하며 만리장성을 쌓았다. 그런 나를 다시 움직이게 해준 것은(즉흥적이거나 일시적으로 움직이게 만들어 준 것이 아닌), 아작(아주 작은) 습관 덕분이다. 아작 습관은 작고 쉽지만, 잘 길들이면 끝까지 체득되어 나쁜 내 생활을 아작 내줄 것이라는 의미도 담겨 있다.

누군가 "그렇게 누워 있지 말고 나와서 걷기라도 해.", "몸이 게을러서 그런 거야. 그럴수록 딴생각하지 말고 움직여."라고 조언했다면 반발심이 일어났을지도 모른다. 그런데 아작 습관은 티도 안 날 만큼 쉽게 접근해서 그런지 부정적인 내 머리에 반발심이 일어나지 않도록 했다. 무기력해서 손가락 하나도 움직일 수 없다면 아주 작게 무언가를 움직여보자. 숨이라도 깊이 쉬든지, 눈 동공이라도 굴리거나 깜빡거리며 깨울 수 있다. 움직이기 귀찮아할 때 나를 보면 일어나서 밖으로 나가서 걷는 것이 굉장히 부담스럽다. 오히려 내가 지금 할 수 있는 반경에서 워밍업처럼 작은 행동을 하는 것이 훨씬 도움이 된다.

작은 행동을 끝없이 이어나가다 보면 언젠가 몸은 조금 더 다음 단계로 자연스럽게 받아들일 것이다. 김미경 강사의 강의를 들은 적이 있다. 김미경 강사는 에너지가 넘치는 분인데 이런 말을 했다. "나는 몸 실력이 좋아요." 몸 실력, 나는 몸 지능이라고 부르고 싶다. 김미경 강사는 몸을 잘 움직이는 지능이 높아서 에너지도 넘치고 부지런하고 거침이 없다.

반면 나는 몸 지능이 아주 낮다. 흔한 줄넘기를 3번 넘긴 적이 없으니 말 다했다. 몸 지능이 낮기에 어떤 일을 할 때도 머리로만 움직인다. 그랬던 내가 호흡을 꾸준히 하고, 목 돌리기, 국민체조, 스트레칭에 이어 요가, 푸시업, 스쿼트, 계단 오르기, 걷기 등 일회성이 아닌 꾸준한 단계를 밟고 있다. 덕분에 몸 지능이 0에서 0.1로 1로 점점 오르고 있다. 아주 작은 습관 덕분이다. 몸을 조금씩 움직이는 습관을 길들이면 무기력이 찾아와도 드러눕는 시간이 조금씩 줄어든다.

몸이 안 좋을 때, 마음에 근심이 있을 때, 무기력해지기도 한다. 내 꿈도 찾고 싶고, 아이와 잘 지내며 멋지게 키우고 싶지만 그럴 에너지가 없을 때가 있다. 예전 같으면 몇 날을 침대에서 누워 있으면서 나를 탓했을 텐데 이제는 그런 모습이 점점 보이지 않는다. 작게라도 몸을 움직여 금방 습관을 끝내고 휴식을 취한다. 자책이 아닌 격려와 칭찬을 아끼지 않는다. 아주 작은 행동이라도 '해냈다'는 것에 초점을 맞춘다. 기분이 나아지면 다시 일어나 몸을 움직이며 활동한다.

머리가 오만가지 생각을 늘어놓으려 할 때 설거지를 하기도 하고 간단한 스트레칭을 하기도 한다. 내가 할 수 있는 아주 소소한 행동을 한다. 거창한 일이 아니어도 좋다. 확실히 몸을 움직이면 머릿속의 방해꾼들이 잠잠해진다. 일단 움직이고 있으니 없던 생기와 에너지도 살아난다.

지금도 자잘한 습관을 실행하고 있다. 몸을 점진적으로 움직일 수 있는 방법을 터득하게 되었다. 건강하고 몸을 잘 사용하는 사람이라면 또 다른 방법이 적용되겠지만 몸을 전혀 사용하지 못하고, 나약하고 무기력할 때가 많은 사람이라면 아주 작은 습관 전략이 잘 맞을 것이다. 아주 작은 움직임은 낮은 에너지를 다시 활기차게 바꿔놓기도 한다.

무기력하고 손가락 하나도 까딱하기 싫은 사람이 있다면 걱정 마시라. 빨간 모자에 호루라기를 불면서 "당장 몸을 일으키세요."라고 말하는 조교처럼 강압하지 않을 것이다. 그저 부드럽게 "눈이라도 깜빡여 보세요. 미소 지어 보세요, 발가락, 손가락 몇 번 움직여 보세요."라고 말해줄 테니….

각자 자신에게 맞는 아주 쉬운 목표와 전략으로 그저 한 번 해볼 것을 권한다. 아주 작게 말이다. 몸지능 0이면 어떠하랴. 그저 내게 맞게 0.1로 조금씩 움직이면 된다. 목 돌리기 한번, 미소 짓기 한 번, 손바닥 치기 5번···. 작은 움직임 속에 무기력한 내 생활에 빠르게 생기를 찾았다. 아주 작은 습관을 길들일수록 무기력에서 빨리 나오게 되었다. 그냥 작은 움직임이 답이다. 아주 작은 행동, 아주 작은 습관으로 아작 내어보자.

습관은 완성이 아니라 과정이다

"습관을 만드는 것은 습관을 완성시키는 일과는 다르다. 습관에 완성은 없다. 습관이란 계속 습관을 들이려고 하는 일이기 때문이다."

— 사사키 후미오

베란다 뒤편에 행복 나무가 멋들어지게 뻗어 있다. 작년 겨울, 가지가 휘어질 정도로 무겁게 처진 잎을 몽땅 가지치기했다. 시간이 얼마나 지났을까? 또다시 풍성한 가지와 잎을 뻗고 있는 나무를 보니 반갑고 신기했다. 눈 깜짝할 사이에 뻗은 나뭇가지 사이로 아주 여린 잎사귀 뭉치가 보였다. 초록색으로 오그라든 것이 처음 보는 모양이다. 커다란 나뭇가지 사이로 삐죽이 초록을 품고 웅크리고 있는 어린 가지는 조금씩 자라더니 활짝 초록 잎사귀를 뻗어냈다. 오랜 시간의 기다림 끝에 드러낸 잎이라 더 기특했다. 티가 나지 않아도 나무는 하루하루 영양분을 머금으며 성장하고 있었다.

우리 역시 끊임없이 자라고 변화해가고 있지만 과정은 참 지루하며 더디다. 티 나지 않는 오랜 기다림이 답답할 뿐이다. 성격이 급한 내게는 더더욱 '보이지 않고 묵묵하게 실행하는 것'이 마냥 즐겁지만은 않을 때도 있다. 마음 같아서는 좋은 습관과 태도, 멋진 환경에서의 빨리, 오래 머무르고 싶다. 빠른 결과물은 원하지만 고통스러운 인내의 과정은 건너뛰고 싶다.

자기계발 책을 보면 큰 사고나 큰 어려움과 고난으로 단시간에 180도 변한 사람들의 이야기를 종종 듣곤 한다. 변화된 그들의 삶이 부러워 짧게나마 안간힘을 써봤지만 돌아오는 것은 자책과 끊임없는 비교와 포기뿐이다. 지긋지긋한 나쁜 생활, 습성에서 벗어나고 싶고 새로 태어나고 싶은 마음에 당장, 군더더기 없는 근육질의 몸에 자신감 넘치는 나를 만들고 싶었다. 유창한 영어 실력을 뽐내며 멋지게 일하고 싶었다. 중년의 아줌마라고 보기에 믿기지 않을 건강한 몸과 마음을 가진 사람이 되고 싶었다. 아이도 잘 키우는 엄마, 한 편으로는 자기 자신도 관리 잘하는 멋진 사람이 되고 싶었다. 그러나 과정 없는 단기간의 변화는 있을 수 없다.

습관 전문가들에 따라 21일, 30일, 66일, 100일 등등을 언급하며 습관이 최소 길들여지는 시간을 강조한다. 나도 아직 멤버들에게 프로젝트의 시간을 위해 날짜로 구분했지만 막상 습관을 반복해보면 기간보다 중요한 것이 끊임없이 반복하는 횟수라는 것을 알게 된다.

단기간에 이루어지거나 완성되는 습관은 특히나 유지하고 관리하는 것이 엄청 중요하다. 습관이 형성된 이후의 과정이 더 중요하다고 강조하고 싶다. 루틴을 잘 살려서 하고 있어도 끝까지 유지하고 관리하지 않으면 과거의 습관에 밀려 새로 생긴 습관이 점점 사라질 수도 있다. 살아있는 동안에는 계속 자라고 성장하는 식물처럼 우리역시 삶이 계속되는 날까지는 습관은 계속 유지, 관리, 반복이 되어야 한다. 비록 티가 나지 않는 아주 미세한 행동일지라도….

습관은 완성이 아니라 과정이라고 본다. 완성되었던 것도 조금씩 자신에 맞게 변형될 수 있으며 발전할 수 있기 때문이다. 단기간에 변화를 꿈꾸다 애써 끌어모은 의지력이 사라져 허망해하는 이가 있다면 이렇게 생각해보면 어떨까?

"습관이란 살아가는 동안에 계속 이어가는 것"

두 쪽 독서를 하고, 두 줄 글을 쓰며, 자신의 꿈을 위한 시간을 내어 몇 분을 사용하는 것…. 아이에게 하루 칭찬 한 마디, 인사 한번, 감사일기 한 줄 적는 순간…. 하나의 점을 끊임없이 찍어가는 순간들…. 그저 가볍게 이어가고 반복하는 좋은 행동들이 자신을 만들어가며 완성하게 된다.

조급함을 버리고 긴 여유를 가지고 계속 만들어가면 된다. 당장에 티가 나지 않지만, 자라나고 있는 식물처럼 우리 삶도 습관도 계속 성장한다. 원하는 삶으로 성장하고 변화할 때까지, 습관은 계속 유지, 관리, 반복이 되어야 한다. 비록 티가 나지 않는 아주 미세한 행동일지라도 조금씩 매일, 꾸준히 반복하며 나가자.

"산다는 것은 어떻게 살아야 하는지를 계속해서 배우는 일이다." 라는 세네카의 말처럼 우리의 습관도 계속 살아가면서 배우고 익혀가야 한다. 습관은 완성이 아니라 살아가는 과정이다.

엄마의 방구석 습관 Q&A

Q 처음 습관을 길들일 때, 어떤 습관을 길들이면 좋을까요? 습관 고르는 것도 힘들어요.

A 남들이 원하는 습관을 고를 때가 많습니다. 남들이 하고 있는 습관 말고, 자신이 원하는 것, 본인이 하면 도움이 되는 것들, 하나 정도는 즐겁게 시작할 수 있는 것으로 정해보세요. 노트 한 장에 내가 하고 싶거나 변하고 싶은 것들을 쭉 나열해보세요. 의외로 나에 대해 몰랐던 사실도 알게 됩니다. 어떤 분은 '내가 이렇게 욕심이 많았나?', '내가 이렇게 결정을 못 내리는 사람인가?' 하고 자신을 이해하는 시간이 되었다고 합니다.

많은 사람들이 자신이 어떤 사람이 되고 싶은지 생각을 하지 않고 살아가기 바쁩니다. 이것저것도 다 못하겠다 싶은 분은 일단 생산성(성과가 있는 독서, 글, 저축, 비움, 책, 프로젝트…)과 건강(물, 운동, 걷기, 명상…) 두 가지를 선택하셔도 좋습니다. 처음 시작이라면 두세 개의 습관이 딱 적당합니다.

Q 습관을 처음 시작하려고 합니다. 작으니까 여러 개 하면 안 될까요? 이것도 하고 싶고, 저것도 하고 싶거든요.

A 시작이 거창하거나, 처음부터 여러 개의 습관을 동시에 하다 보면 에너지가 분산되고 지속적으로 이끄는 것에 무리가 될 수 있습니다. 하나의 습관이라도 포기하지 않고 지속하는 힘을 기른 뒤에 자신감이 생기면 그때, 조금씩 습관을 추가하면 됩니다. 어떤 분은 처음, 운동 습관에 스트레칭하기를 했는데 얼마 안 가서 걷기를 추가하였습니다. 그렇게 되면 어떤 날은 스트레칭을 했다가 어떤 날은 걷기가 되었다가 하나의 습관으로도 길들여지지 않게 됩니다. 만약 멀리 보고 건강을 위한 목적으로 하는 운동 습관이라고 하면 가능하지만 처음에 길들일 때는 같은 행동을 반복적으로 새기는 것이 좋습니다.

하나의 습관 뒤에 연이어 하는 연동습관이 있습니다. 연동하는 습관은 작은 습관 하나가 잘 이어졌을 때 추가하면 되는 것이니 처음부터 너무 많은 것을 길들이지 않았으면 좋겠네요. 작은 습관 한두 개를 쉽게 지속하면서 굵은 밧줄로 서서히 변화시켜 봅시다. 아무리 작고 쉬운 습관도 처음부터 여러 개를 하면 성공 달성률이 떨어지고 기간이 더 길어져서 쉽게 지칠 수 있습니다.

Q 작은 목표라는 것이 얼마만큼 작아야 하나요?

A 개인적으로 다 다릅니다. 자신이 느끼기에 부담스럽지 않고 약
간은 쉬워 보일 정도로 작으면 좋습니다. 한 습관당 3~5분 정
도 이내에 실행이 되는 것이면 좋습니다. 평소에 물을 그런대
로 잘 마시는 분이라면 최소의 목표 두 잔의 물은 맞지 않는 전
략입니다. 그것보다는 조금 더 올린 다섯 잔 정도 이상으로 정
하는 것이 본인의 최소 전략이겠지요. 저는 물을 일절 마시지
않았기에 한두 잔이 적당한 목표였지요.
사람마다 생각하는 최소 목표 전략이 다릅니다. 처음 시작할 때
과하다 생각이 들면 줄이시고, 약간의 의식을 하면서 이 정도는
가볍게 하겠다고 느낌이 든다면 그렇게 지속하시면 됩니다.

Q 코로나로 인해 집에서 있는 시간이 많아졌습니다. 그러다 보니 움
직이는 것이 덜해져서 소화도 안 되고 그런데요. 집에서 할 수 있
는 지속적은 건강, 운동 습관이 있으면 공유해주세요.

A 코로나 이후의 우리 삶이 많이 변하긴 했어요. 저 역시 방구석
습관이란 단어를 붙인 것도 코로나 이후 생겨났으니 말이죠.
운동을 좋아하는 사람 외에는 운동을 규칙적으로 하는 사람은
드물 거예요. 환경을 바꾸어서 헬스장에 다닌다든지 운동을 규

칙적으로 하는 환경을 만들지 않으면 잘 안 되는 것이 운동습관이기는 합니다.

저의 경우는 유튜브와 운동 앱을 많이 이용해서 일어나자마자 물을 마시고 매트 위에서 매일 규칙적인 시간에 하는 편입니다. 주로 요가 동작, 스트레칭을 유튜브에서 몇 가지를 골라서 돌아가면서 하고 있습니다. 하다 보면 자신에게 맞는 동작이 나옵니다. 그런 것을 계속 반복해서 익숙하게 만든 뒤 또 다른 동작으로 넓혀갈 수 있습니다. 아침과 저녁에 하체와 고관절 같은 부종에 신경써서 마사지를 합니다. 3분에서 5분 정도 쉬운 것을 끊어서 동작을 해보고 계속 시간을 넓혀갑니다. 매트를 계속 깔아놓고 있기 때문에 언제 어디서나 스트레칭할 수 있도록 합니다. 정말 바쁠 때는 30초 타이머를 이용해서 익혔던 동작 몇 개를 초스피드로 집중해서 하기도 한답니다. 안 한 것보다 훨씬 마음의 안정감도 생기지요. 또한 계단 오르기로 조금 더 활동적이고 폐활량을 도와주는 운동도 할 수 있습니다. 층수는 처음부터 많은 층을 오르는 것보다 짧게 자주 해나가면서 확장할 수 있습니다.

Q 사람마다 어떤 목표를 설정하는지 궁금해요.

A 다양한 목표를 잡고 있습니다. 경제 신문 1장 읽고 요약하기, 물 한 잔 마시기, 비타민 한 번 꼬박 챙기기, 5분 산책하기, 홈

트 3분 운동하기, 매일 소액 저금하기, 한 쪽 영어 공부, 하루 두 줄 필사하기, 10분 영상 촬영, 계단 한 번 오르기 등 다양한 목표를 잡고 있습니다. 거절하기, 하루 한 번 안 하기, 아침 감사일기 세 줄 쓰기, 하루 한 개 버리기 등등 다양한 목표를 설정하고 있습니다.

Q 혼자서 습관을 시도하다가 매번 실패했어요. 성격상 함께하는 것보다 혼자 습관을 이어가고 싶은데요. 혼자서 실패하지 않고 계속 이어가는 방법이 있을까요?

A 일단 습관이 되기 위해서는 지속하는 것이 중요합니다. 지속은 목표가 클수록 저항감이 생기기 때문에 아주 작은 목표여야지 저항감 없이 꾸준히 이어나갈 수 있습니다. 하다가 만 습관이든 새로 길들이고 싶은 습관이든 처음은 재미있고 가벼워야 합니다. 재미가 있으면 또 하고 싶은 생각이 저절로 들거든요. 재미를 느끼지 못한다면 가볍고 부담이 없도록 목표의 크기를 가소로울 만큼 작게 시작할 수 있습니다.

저도 처음 습관을 시작할 때 혼자서 시작했고 계속 공개 기록으로 남겨서 미루지 못하도록 약간의 장치를 걸어 놓았습니다. 혼자 볼 수 있도록 하다 보면 어느 순간 미루기도 하고 슬쩍 건너뛰는 일도 생기기 때문에 누군가가 보고 있는 공간에 올려놓음으로 자신과의 약속을 이어갈 수 있습니다. 체크리스트와 시간이 나오는 사진앱, 그리고 습관 공개 기록 등이 혼자서 습관을 이어갈 수 있는 방법입니다.

Q 아이를 키우며 나를 찾고 싶어 습관에 대한 책을 읽고 실천을 하고 있습니다. 그런데 한 달, 아니 보름도 채우지 못하고 실패할 때가 많습니다. 엄마들이 시간 낼 수 없을 때 유용한 작가님만의 습관 실천 사례를 간략하게 공유해줄 수 있을까요?

A 책에서 여러 번 언급했듯이 끈기가 없고 에너지가 없던 사람이었습니다. 아이는 저를 보고 자꾸 안 좋은 행동을 그대로 따라 했고, 제 의지로는 변화가 힘든 사람이라는 것이 뇌리에 박혀 있어서 변화하고 싶은 마음과 시작이 두려운 마음으로 어쩔 줄 몰랐지요. 그러다가 우연히 보게 된 《아주 작은 습관》, 《습관의 재발견》의 저자처럼 팔굽혀펴기 한 번과 같은 아주아주 작은 행동만 해보기로 결심했습니다.

이때 중요한 것은 나를 완전히 알고 시작해야 한다는 겁니다. 하고 싶고, 되고 싶은 것은 많지만 그건 욕심만 그렇고 행동력은 없다는 것을 솔직하게 인정했습니다. 게다가 우리는 살림, 육아도 해야 하는 사람 아닙니까? 제일 좋은 것은 아주 쉬운 목표를 정하고 당장 실천할 수 있는 쉬운 것들을 하기로요. 물마시기는 멀리 나가야 하는 것도 아니고 거창하게 마음을 먹고 해야 하는 것도 아니지요. 일상에서 쉽게 할 수 있는 것들입니다. 그런 것들에 의미를 부여하고 아주 작은 단위로 쪼개 쉽게 시작하면 됩니다.

저는 물 마시기 두 잔을 목표로 매일 꾸준히 이어온 덕분에 지금은 6년 이상이 흘렀어도 자연스레 물을 마시고 있습니다. 집에서 할 수 있는 것들 중 부담 없이 할 수 있는 것이 많아요. 5분 정리, 2분 독서 또는 두 쪽 독서, 두 줄 글쓰기, 3분 호흡 또는 명상, 스트레칭 2분, 영어 단어 5개 등등 마음을 다잡지 않아도 금방 할 수 있는 것들이지요.

작은 습관인데도 꾸준히 하지 못한다면, 주의가 습관에 기울이지 못하고 다른 곳에 흐트러져 있을 때도 있습니다. 작은 습관이니 시간이 걸리는 부분에서 그만두기도 합니다. 매일, 활기찬 자신을 위해 아주 작은 행동을 이어가도록 결심해보세요. 욕심이 생길 때마다 오늘 하루에 집중해서 실천해보시기 바랍니다.

만약 시간을 낼 수 없다면 일어나서 제일 먼저 습관을 하도록 의식을 해야 합니다. 단 5분이라도 우선순위에 올 수 있도록 빼놓아야 한답니다. 가족들을 신경 쓰지 않는 시간, 이른 아침이나 아이가 가고 난 뒤, 직장에 가는 출근 전후, 자투리 시간에 할 수 있는 것들을 해보시기 바랍니다. 작은 것도 까먹을 때는 핸드폰으로 알람을 해놓는 것도 좋은 방법이랍니다. 아, 그리고 제가 잘 사용하는 방법인데요. 타이머 앱을 30초, 1분, 3

분, 6분, 15분, 45분으로 저장해놓고 진짜 시간이 없을 때는 30초도 소중하게 사용하면 '했다'는 안도감이 든답니다.

Q 작은 습관이 정착되는 데에 얼마나 걸리나요? 빨리 변하고 싶은 조바심이 생겨요.

A 저의 경우는 물 마시기는 처음부터 지금까지 계속 성공해오고 있는 습관입니다. 두 잔의 물 마시는 전략이 가벼웠던 터라 한 달 넘게 지속이 되었고 자연스럽게 물을 마시는 것은 3개월 때즈음입니다. 제 생각에는 6개월 정도면 작은 목표를 넘은 초과 달성이 자주 되는 것 같아요. 습관에 종류에 따라, 습관의 개수에 따라 정착되는 데에는 각기 다르지만 보통 6개월이 조금 지나면 어느 정도 무의식적으로 자연스럽게 됩니다.

작은 습관의 장점이자 단점이 '작아서 부담이 없지만 대신 긴 시간이 걸린다.'는 것입니다. 중간쯤 하다 보면 그만두고 싶은 생각이 불쑥불쑥 올라옵니다. 성공하고 자신감을 가지게 되어도 '지루한 습관을 언제까지 해야 하나 티도 안 나는 것 같은데….'라는 생각이 들 때가 있지요.

습관은 계속 제자리걸음을 걷다가 초과 달성이 되고 나면 계단처럼 쑥 올라가는 것 같아요. 어떤 습관이 자리 잡을 때는 그만큼의 시간이 필요하지요. 제일 좋은 것은 욕심을 버리는 것이지만 그게 잘 안 되는 것 같아요. 그럴 때는 이런 생각을 해봅니다. "내가 지금 찍는 지루한 점이 큰 선을 이룬다.", "빠르게 변화하는 것은 빠르게 되돌아올 확률이 크다.", "큰 습관목표를 잡았다면 시작과 동시에 포기했을 테지만 작은 습관이니 여기까지 왔다."라고요. 어차피 우리의 인생은 끝이 아니라 과정이니까요. 과정 속에 부담 없이 즐기며 반복하는 작은 습관을 친구해보는 것은 어떨까요?

Q 목표 설정할 때 도움을 받을 수 있는 팁이 있을까요? 가령, 어떤 것은 지향하라든지….

A 시간을 빼야 합니다.

아무리 작은 습관이라 하더라도 시간이 있어야 합니다. 시간이 언제 나는지 하루 일과를 살펴보고 습관을 끼워 넣을 시간을 빼야 합니다. 너무 빈 시간이 많아 낭비하는 시간이 있어도, 너무 할 일이 많아 끼워 넣을 시간이 없으면 작은 습관을 실행하기에는 무리겠지요.

처음 시작할 때에는 가능한 규칙적인 시간이나 행동 뒤에 하는 것이 제일 쉽습니다.

그리고 어느 정도 익숙해지면 어떤 신호가 없는 상태에서도 가능해질 수 있으니 그전까지는 되도록 규칙적인 시간과 행동 뒤에 하시길 바랍니다.

과도한 목표 설정은 금지입니다.

사람들 대부분, 자신에 대한 기대치가 높습니다. 빨리 변화하고 싶고 작은 목표를 아주 하찮아하는 경향이 있습니다. 작은 것에 정성을 기울여서 재미있게 하다 보면 큰 변화도 금방 다가옵니다.

너무 완벽하게 시작하지 마십시오.

적은 시간이나 작은 목표도 너무 완벽하게 하려고 하면 에너지와 의지를 쓰게 됩니다. 그렇게 되면 함께 습관을 길들이고 난 후에 바로 포기하게 됩니다. 계속 반복, 실행하는 것이 중요합니다.

가끔씩 보상을 해주십시오.

칭찬도 좋고 아담한 팬시도 좋고 커피도 좋고 자신만의 행복한 보상을 해주세요.

기록으로 남기세요.

기록으로 남기면 복기와 체크가 되기 때문에 지속하고 싶은 동기부여가 됩니다.

할 수 없을 때 자책하지 않고, 정 할 수 없는 상황에서는 대체 습관을 사용할 수도 있습니다.

Q 작은 습관이라 해도 하다 보면 하기 싫은 습관들이 있잖아요. 그런 것도 그냥 해나가는 게 나을까요?

A 개인적인 생각으로는 '왜'라는 질문을 가지고 습관을 정해보면

좋겠습니다. 하기 싫은 것은 익숙하지 않아서 그럴 수도 있습니다. 더 작은 목표를 줄여서 하면 부담감이 줄어들 것입니다. 그렇게 하는데도 하기 싫다는 마음이 생기면 자신에게 맞지 않는 습관일 수 있으니 다시 생각해보시고 습관을 빼는 것도 괜찮습니다. 또한 자신에게 필요한 습관이라 생각이 든다면 자신이 익숙하고 즐거운 행동 뒤에 생소한 습관을 붙여서 하는 것도 하나의 방법입니다. 일단 즐거움, 기쁨이 붙으면 포기하지 않고 또 하고 싶은 마음이 생기거든요.

Q 하기 싫거나 지루해서 관두고 싶을 때 다시 이어나가게 할 수 있는 팁이 있을까요?

A 저의 경우는 블로그에 올리면서 사람들의 피드백을 많이 이용했습니다. 궁금하거나 물어보는 이들을 위해서라도 제가 경험해봐야 하니까요. 또는 '함께'하는 사람들과 해보십시오. 함께의 에너지는 크기 때문에 서로 이끌어주기도 하고 배워가기도 합니다. 가끔씩 보상도 도움이 되었습니다. 저의 경우는 문구류를 좋아해서 기록을 위한 노트를 산다든지 펜을 보상으로 자주 줬습니다. 꾸준히 기록을 하며 습관의 체크 뒤에 항상 감사일기를 쓴 것도 도움이 많이 되었습니다. 습관은 즐겁고 감사한 것이라는 것을 은연중에 주입시킨 것이지요.

Q 시간은 언제 하는 게 나을까요? 아침이 좋다고 하지만 제 직업상 저녁에 일어나야 하는데 저녁에 하면 좋지 않나요?

A 저의 경우는 건강상의 문제로 이른 아침을 선택했습니다. 이른 아침은 아무도 방해하지 않기도 하며 시작의 활기찬 에너지를 얻을 수도 있지요. 직업상 저녁에 시작하는 분이라면 굳이 아침을 고집하지 마시고 하루의 시작에 작은 습관을 우선순위에 두는 것만 생각해주시면 됩니다. 세트로 하루 마감 전에 습관을 마무리 하시고요.

Q 만약 작은 습관이라도 실패하게 된다면 그다음은 어떻게 해야 하나요? 재설정을 하는 것이 낫나요?

A 실패해도 상관없습니다. 다만 실패하고 자책하는 것만 주의해 주십시오. 어차피 습관을 길들이는 것도 자신이고, 습관으로 인해서 자신의 무의식의 행동을 서서히 변하게 하는 믿음도 본인에게서 나오기 때문입니다. 작은 습관은 실패라고 인식하지 않고 전략을 다시 작게 바꾼다고 하는 게 더 맞겠네요. 실패를 해도 다시 전략을 바꿔서 하면 됩니다.

Q 물 한 잔이라도 못 마시는 저는 꼭 물 마시는 습관을 길들이고 싶어요. 가능할까요?

A 당연하지요. 저도 해냈잖아요. 물 한 잔이라도 못 마신다면 물

반 잔의 목표를 설정하고 조금씩 반복하시면 됩니다. 물론 기간은 길게 걸리겠지만요. 부담 있게 실행하다가 포기하는 것보다는 부담 없이 시도해보는 낫지 않을까요? 일단 시도해보세요.

Q 저는 운동 한 번 하고 나면 초과 달성하고 싶지는 않거든요. 자주 하게 만드는 방법이 있을까요?

A 집안 곳곳에 여러 신호들을 만들어보세요. 침대 옆에 아예 요가 매트를 깔아놓았어요. 일어나서 저는 바로 화장실에 가서 양치를 합니다. 다음 따뜻한 물을 1분간 데우는데요. 그때 저는 요가 매트에서 스트레칭을 합니다. 스트레칭이 끝나면 적당하게 데운 물을 들고 책상으로 가서 마십니다. 오다가다 매트판이 깔려 있어서 자주 스트레칭을 하는 편입니다.

그리고 거실에 나가면 지압판이 있고 설거지를 하고 들어와도 꼭 푸시업 한 번은 더 하게 되는 것 같아요. 진짜 못하겠다는 날은 타이머를 이용합니다. 알람이 울리면 저는 동작이 다 끝나지 않아도 멈춥니다. 밖에서는 복식호흡을 하거나 계단을 이용해서 걷습니다.

Q 만약 일에서 성과를 내고 싶은 것들도 작은 습관의 전략으로 해낼 수 있을까요?

A 프로젝트를 맡는다면 다른 습관보다 먼저 우선순위에 두고 반

복을 해야겠지요. 저 같은 경우는 책 쓰기가 그랬던 것 같아요. 나머지 습관은 최소 목표를 그냥 빨리 끝내버리고 책 쓰기에 신경을 썼습니다. 기간이 길 것 같으면 두 줄만, 아니면 오늘은 목차만, 조각을 내어서 부담 없이 그날 할 일만 하면 됩니다. 하다 보면 거의 초과로 끝날 때가 많을 거예요.

Q 강아지와 산책하기가 저의 건강 습관인데 비 오는 날에는 어떻게 하나요? 어떤 대체 습관이 나을까요?

A 강아지와 산책은 두 가지 습관이 겹쳐졌네요. 강아지의 산책을 길들이려는 것인지 나의 건강을 위해 산책을 하는 것인지에 따라 달라집니다. 강아지의 산책을 습관으로 하고 싶다면 대체 습관으로 강아지를 마사지 해준다든지 복도를 나간다든지 대체 습관을 쓰면 되지요. 만약 나의 건강을 위함이라면 산책을 못하면 대체 습관으로 할 일들은 너무나 많지요. 스트레칭을 해도 되고 홈트나 계단 오르기도 괜찮습니다.

Q 대체 습관을 쓰다 보니 자꾸 나가지 않으려고 꾀를 써요. 대체 습관을 자주 써도 되나요?

A 대체 습관은 그야말로 본 습관을 할 수 없을 때 임시방편으로 사용하는 것이므로 많이 사용하는 것은 좋지 않습니다. 가령 산책이 습관인데 비가 많이 와서 대체 습관을 홈트로 많이 했

다고 하면 분명 야외로 가는 것이 쉽지 않을 겁니다. 그럴 때는 홈트로 재설정을 하거나 그래도 산책 습관을 길들이고 싶다 하면 비가 너무 많이 오는 날을 제외하고 우산을 들고 짧게 나가는 것이 되어야겠지요. 대체 습관을 너무 많이 쓰면 본 습관과 주객이 전도될 가능성이 크므로 주의하는 것이 좋습니다.

Q 하는 일도 많은데 작은 습관도 때로는 버겁게 느껴져요. 가령, 인증을 같이 해야 한다거나 SNS상으로 기록한다든지 장치를 해놓을 때 귀찮기도 하고 부담스러울 때도 있어요.

A 혼자서 습관을 길들이고 있다면 공개적으로 기록을 남기는 것이 나태해지거나 미루고 싶을 때 도움이 됩니다. 여럿이 할 때라면 단톡이나 함께 인증을 남기는 것도 좋겠지요. 만약 하는 일이 많아 작은 습관의 기록, 인증이 부담스럽게 느껴진다면 혼자서 볼 수 있도록 시간이 나오는 사진앱을 사용해 보시길 권합니다. 타임스탬프 사진은 자신이 어느 시간에 규칙적인지 알기 위해서도 유용한 앱입니다. 하는 일이 많다면 작은 습관이라 해도 마음의 공간은 없을 듯합니다. 하지 않는 습관으로 일을 줄여보시는 것도 좋겠습니다.

Q 기록이 중요한 것은 알겠지만 귀찮습니다. 매일 같은 습관 사진을 찍어 올리는 것도 도움이 될까요?

A 미세한 변화라도 기록으로 남기는 것은 중요합니다. 매일의 똑같은 일상, 습관의 반복이라도 미세한 변화는 있거든요. 마음과 느낌을 기록으로 남기면 나에 대한 객관화도 되고 수치화도 되기 때문에 다시 리셋하기에도 좋습니다. 사진만 올리는 것은 아예 안 올리는 것보다 낫습니다.

Q 만약 성과를 내고 싶어 하루에 초과 달성을 많이 하면 일반 사람들이 흔히 하는 습관과 같아지는 것 아닌가요? 그렇다면 작은 습관과는 달라지는 것 아닌가요?

A 초과 달성을 무한 반복한다면 하루 최소의 습관을 실행하는 것보다는 빨리 몸에 익게 되지요. 다만 너무 초과 달성에 집착하게 되면 욕심이 붙고 자신도 모르게 의지력을 많이 쓰게 되어 쉽게 지칠 수 있습니다. 지치지만 않는다면 재미있게 무한 반복 초과 달성도 재미있답니다. 그러다 보면 어느 순간 해낼 수 없는 일들을 해내고 있답니다. 다만, 일반 건강한 사람들과 비교는 하지 마시고 자신이 할 수 있는 아주 작은 것에서 반복하고 초과 달성을 자연스럽게 이어갔으면 좋겠습니다. 오븐에 예열을 먼저 해서 요리를 하는 것처럼 작은 습관이 모여 어떤 습관이든 단단하게 이어갈 수 있답니다.

Q 너무 쉬워서 하다 보니 목표를 올리고 싶어요. 목표를 재설정하는

것이 나을까요? 차라리 초과 달성처럼 달성을 자주 하는 것이 나을까요?

A 두 가지 다 가능합니다. 재설정할 때 너무 과한 목표를 설정하지만 않는다면 괜찮습니다. 초과 달성을 많이 하면 생활 속에 자연스럽게 무한 반복되니까 부담감 없이 자연스럽게 익힐 수 있겠지요. 저의 견해로는 후자를 선택할 것 같아요.

Q 아이와 함께하고 싶은 습관이 있어요. 공부 습관을 저와 같이하고 싶은데 가능할까요?

A 가능합니다. 아이에게도 잘 맞는 습관이 아주 작은 습관입니다. 저의 경우는 아이가 밥을 너무 안 먹어 티스푼 두 숟갈이 한 끼의 목표였어요. 지금은 한 그릇도 거뜬히 잘 먹습니다. 원래 입이 짧아서 다른 아이에 비해 과하게 먹지는 않지만 지난날을 보면 장족의 발전이자 변화이지요. 물을 마시지 않아 병뚜껑 두 번 마시기가 목표였습니다. 지금도 그렇게 잘 마시는 편은 아니지만 거부감 없이 마시는 단계가 되었습니다. 공부 습관도 우리가 하는 것처럼 두세 가지를 설정 체크 해주시면 좋습니다. 다만 아이가 스스로 공부 습관을 잡을 때까지는 부모님이 항상 옆에서 같이 체크를 도와주어야 합니다. 부모님이 아이와 같은 종류의 습관을 옆에서 같이해주면 좋겠네요(독서나 일기 쓰기, 운동 같은 것들요…).

습관 DO it

성함: _____의 습관

✔ 하루일과를 나열해보세요.

✔ 하루 중 새로운 습관을 넣기 좋은 시간은 언제입니까?

✅ 길들이고 싶은 습관이 있나요?

✅ 살아오면서 실패한 습관들은 무엇인가요?

✔ '습관이 곧 나'라고 합니다. 반복해서 하는 행동들이 자신의 정체성을 만들지요. 정체성을 만드는 습관 중 핵심 습관으로 생산성 습관, 건강 습관을 꼽고 있습니다. 생산성 습관은 단기간의 성과가 있는 습관(프로젝트, 경제서 2쪽 읽기, 글 두 줄 쓰기, 돈 1,000원 모으기, 1일 1비움, 영상 제작 5분 등등)이며 건강 습관(몸, 마음을 건강하게 하는 요가 5분, 걷기 10분. 계단 오르기 3분. 홈트 5분, 명상 5분 물 2잔 마시기 등등)으로 나누어 실행합니다.

어떤 습관을 만들고 싶나요?
- 생산성 습관: (   ) 하기 (   ) 분 또는 회
- 건강 습관: (   ) 하기 (   ) 분 또는 회

✔ 매일 조금씩 실천할 것을 다짐합니까?

✔ 습관을 할 때 기분 좋음을 느끼며 해보세요.

✅ 습관 뒤에 기분을 글로 적어보세요.

✅ 나 _____는 즐겁고 아주 간단하게 습관을 길들이며, 무한 반복해서 원하는 습관을 길들일 것을 다짐합니다. 보상으로는 _____를 나에게 줄 것입니다.

ENDING 아작 습관은 END가 아닌 ING다

아주 작은 습관 6년차…. 물 한 모금도 마시지 않던 나를 가볍게, 재미있고 쉽게 마시게 했던 물 두 잔의 실행은 나를 '할 수 있는 사람'으로 바꾸어놓았다. 물 마시기 습관 외에 2분 호흡으로 시작한 행동을 스트레칭, 국민체조, 요가를 거쳐 계단 오르기, 걷기로 확장하는 계기가 되었다.

이 외에도 많은 작은 습관 덕분에 6년 전의 삶과 지금은 비교할 수 없을 만큼 달라졌다. 습관적으로 하는 부정적인 사고에서 긍정적인 사고를 하게 되었으며, 시작의 두려움에서 아주 작게 바로바로 실행하는 실행력 있는 사람으로 변화되었다. 실패를 마주할 용기가 없어서 항상 회피했던 상황을 마주 보는 용기도 생겨났다. 끈기가 없던 내게 사람들은 "참 끈기가 대단하다."는 말은 자주 한다. 아이에게 화를 덜 내고 건강한 엄마로 살아갈 수 있었다. 습관 책을 낸 저자답게 혼자서 꾸준히 습관에 대한 경험을 블로그나 SNS를 통해 기록하며 관리도 했다. 언제나 작은 습관은 실패가 없으며 매일이 신나고 재미있다고 생각하면서 말이다.

 그랬던 마음에 서서히 바람이 빠지기 시작했다. 지루함에 지치면서 방향을 잃어버린 느낌이었다. 습관을 되돌아보니 남에게 언제나 성공한 습관으로 도움이 되어야 한다는 생각에 버거운 상황에서도 나 자신을 밀어붙였다. 알게 모르게 작은 습관의 개수를 많이 늘려놨다(분명 내가 필요로 하지 않는 습관임에도 남이 좋다고 하니 꾸역꾸역 밀어 넣은 것이다). 언제부턴가 내가 필요로 하는 습관이 아닌 남에게 보여지는 습관을 세우고 있었다. 또한 코로나 같은 환경의 변화에도 쉽게 흔들리게 했다.

 반복되는 습관이 더 이상 재미나지 않았다. 작은 습관이니 금방 할 수 있다는 생각에 습관도 가벼이 여기기 시작하면서 아주 작은 실행을 대충 뒤로 미루는 날도 생겼다. 어떤 날은 아파서, 바빠서 우선순위에서 밀어놓기도 했고, 어떤 날은 '했다'는 형식만으로 해치우는 날도 있었다. 반대로 몸이 아파 못할 지경이 되었지만 자책하기 싫어, 다그치며 습관을 이어가기도 했다. 습관을 이어가는 햇수는 많아졌으나 내가 생각했던 것과 달리 습관의 변화가 만족할 만하게 보이지 않았다. 처음 길들이면서 느꼈던 뿌듯함이 어느 순간 당연함으로 그리고 똑같은 일상과 같은 지루함으로 느껴지기 시작했다.

'왜 정체된 느낌이 드는 것일까?' '나는 이 습관을 왜 택해서 고통스럽게 놓지도 못하고 이어가고 있는 것일까?' '습관을 계속 길들이긴 하는데 왜 성과가 생각대로 보이지 않는 것일까?' '습관을 실천하는데도 왠지 모를 찜찜함이 생기는 이유는 무엇일까?'

어느 날 습관을 복기하면서 알게 되었다. 티가 나지 않는 작은 습관이라 할지라도 되돌아 복기하는 시간과 숙고하는 시간을 가져야 한다는 것을. 습관은 단번에 끝을 내는 것이 아닌 과정이거니와 과정을 잘 즐기기 위해서는 형성된 습관에 관리와 유지가 꼭 필요함을 알게 되었다. 지루함을 잘 넘기며 꾸준히 지속할 수 있는지도 생각해야 한다.

아무리 좋은 습관이 만들어졌다 해도 자신이 진정 필요로 하고 원하는 습관이 아닐 경우, 외부에 의한 영향으로 억지로 길들인 습관은 언젠가 연기처럼 사라질 수 있다는 것을 알게 되었다. 자신이 무엇 때문에 습관을 시작하려고 하는지, 남들이 하니까 따라 하는 습관인지, 진정 자신이 바라는 습관인지 생각하고 시작하면 마음가짐도 달라진다.

즐겁거나 호기심이 가득한 습관들, 내 삶에 꼭 필요하다고 생각한 습관들만 남아 있는 것을 보면 "장기적으로 만족스러운 습관을 들이고 싶다면 자신의 성격과 재능에 일치하는 습관을 선택하는 것이 최선의 방법이다."고 말한 제임스 클레어의 말에 깊이 공감한다. 나다운 습관을 찾을 때 우리는 지치지 않고 끝까지 스며드는 습관으로 자리 잡을 것이다. 습관이 지겨워서, 제자리걸음이라고 생각이 들 때는 작은 목표에서 0.00001퍼센트라도 앞으로 전진해야 한다. 아주 작은 목표가 쉽다면 계속 무한 반복하며 초과 달성의 복리를 잘 이용해 숙련되게 만들 수 있다.

습관의 시작은 아주 쉬워야 한다. 대신, 꾸준히 유지하는 것에는 어느 정도 의식을 해야 한다. 이렇게 말하면 혹자는 이렇게 반문할 수도 있다. "아니, 작은 습관도 길들이기 까다롭네. 그래서 어쩌라고요?"라고 말이다. 아주 작은 습관은 당장 바로 시작할 수 있고 그다음 날에도, 다음날에도 부담 없이 할 수 있는 전략이다. 특히 무기력하거나 실패에 익숙한 사람이라면, 두려움 없이 시작을 도와주는 문턱 없는 전략이기도 하다. 그렇기에 실패에 익숙한 사람, 저질 체력이나 무기력한 사람들이 두려움 없이 길들이기에 부담이 없다는 장점이 있다.

장점이 있는 반면, 단점도 있다. 습관 목표의 크기가 작기 때문에 시간이 많이 걸리고 더디게 결과물이 날 수 있다는 것이다. 습관의 시작을 수월하게 한 사람들은 처음에는 자신이 꾸준히 이어가는 것에 뿌듯해하지만, 똑같은 행동을 지겹도록 해야 하는 지루함에 지치기도 한다. 습관이 잘 형성되었던 사람도 여러 가지 어려움들을 겪을 수 있으니 미리 알아두면 그런 자잘한 어려움을 겪지 않고도 지속할 수 있다는 것을 알려주고 싶었다.

이 책을 읽는 여러분은 저자의 경험을 삼아 아주 작은 습관으로 무기력에도 조금씩 지속하며 앞으로 전진할 수 있는 삶을 이끌어내길 바란다. 또한 반복되는 시간에 지루하지 않고 즐겁게 아주 작은 습관을 길들어 가기를 권하며 책의 여러 내용 중 세 가지는 꼭 가져갔으면 좋겠다.

첫째, 목표와 현실이 동떨어져 괴리감이 크다면, 지금 내가 할 수 있는 최소의 행동으로 줄여야 한다.

아주 작은 실행으로 간극을 좁혀나가는 것이 첫걸음이다. 아주 작은 습관은 매일, 한발씩 나의 수준에 맞춰 끈기 있게 나아가게 만들어 준다. 큰 목표만 생각하다가 지쳐 포기하느니, 아주 작은 목표, 우리 옆에서 바로 할 수 있는 목표로 시작해보자. 멀리 있던 목표에 아주 조금씩 다가가면 목표와 현실의 간극을 좁혀갈 수 있다. 현실과 목표의 괴리감에서 아무것도 하지 못한다면 단 몇 초라도, 지금 내가 할 수 있는 최소의 행동을 시도해야 한다.

둘째, 습관을 실행할 때는 남이 아닌 나 자신이 초점이 되어 시작해야 한다.

시간도 없고, 체력이 바닥인 사람, 부정적인 생각에 가득 차서 아무것도 할 수 없는 사람, 이것저것 다 하고 싶지만 현실과 간극이 커서 자책만 하는 사람이라면 더더욱 남이 아닌 나 자신이 초점이 되어 시작해야 한다. 성공자들과 똑같을 수는 없다. 그들의 성공담을 참고는 할 수 있으나 나에게 맞지 않는 것을 무작위로 따라 할 필요는 없다. 나에 대한 기대를 잠시 접어 두고, 아주 작고 쉽게, 할 수 있는 가벼움으로 시작하면 된다. 자신에게 맞는 전략을 써서 길들여야 한다. 남에게 보여지는 습관 말고, 진정 자신이 원하는 습관을 길들여야 한다. 거창한 목표를 성공한 사람이 아닌 오직 자신에게 맞는 습관만 남아 오늘을 단단하게 만들어줄 것이다.

셋째, 원하는 삶으로 성장하고 변화할 때까지, 습관은 계속 유지, 관리, 반복이 되어야 한다.

비록 티가 나지 않는 아주 미세한 행동일지라도 조금씩 매일, 꾸준히 반복하며 나가자. 습관은 완성이 아니라 살아가는 과정이다. 불안함이 생기더라도 그냥, 오늘 한 발을 내딛고 불안해하자. 지나온 습관들의 행적을 보면 불안하거나 부정적인 감정이 생기더라도 '그냥' 해나가다 보니 불안과 같은 부정적인 감정에 의연해진다. 작게라도 실행하고 반복하지 않았다면 느껴보지 못할 힘이다. 불안하더라도 쉬지 않고 ING 할 수 있는 아주 작은 행동을 해보자.

이 외에도 책 속에는 작은 습관을 지치지 않고 이어가는 팁과 함께 꾸준히 실천할 수 있는 하루 습관 다이어리 양식이 들어 있다. 이 표는 아작 연구소 사람들과 11기를 거치면서 계속 업그레이드 해온 툴 양식이다. 각자 상황이나 환경, 성향에 맞춰 툴을 사용해보길 권한다. 아무것도 할 수 없는 체력과 부정적인 성격에 허우적거리던 나는 오늘도 작은 습관을 실천했다. 그저 오늘만 살아갈 뿐이다. 나처럼 저질 체력, 무기력에 허우적거리는 사람도 했으니 여러분은 더 잘 해내리라 본다. 부디, 즐겁고 가볍게 시작해 끝까지 재미나게 지속하길 응원한다.

"아작 습관은 ENDING이다"

아작 습관은 END가 아닌 ING다.

부디 끝까지 ING 하길 바란다.

무기력을 날려버린 엄마의 야작 습관

그것도 습관입니까?

초판 1쇄 인쇄 _ 2022년 11월 20일
초판 1쇄 발행 _ 2022년 12월 1일

지은이 _ 지수경

펴낸곳 _ 바이북스
펴낸이 _ 윤옥초
책임 편집 _ 김태윤
책임 디자인 _ 이민영

ISBN _ 979-11-5877-328-1 03190

등록 _ 2005. 7. 12 | 제 313-2005-000148호

서울시 영등포구 선유로49길 23 아이에스비즈타워2차 1005호
편집 02)333-0812 | **마케팅** 02)333-9918 | **팩스** 02)333-9960
이메일 bybooks85@gmail.com
블로그 https://blog.naver.com/bybooks85

책값은 뒤표지에 있습니다.
책으로 아름다운 세상을 만듭니다. ㅡ 바이북스

미래를 함께 꿈꿀 작가님의 참신한 아이디어나 원고를 기다립니다.
이메일로 접수한 원고는 검토 후 연락드리겠습니다.